임진왜란, 일본을 무찌른 **조선**의 **장군들**

인물로 읽는 한국사

임진왜란, 일본을 무찌른 조선의 장군들

박은정 글 | 토끼도둑 그림

휴먼어린이

초대하는 글

지금으로부터 430년 전, 조선은 오랫동안 전쟁을 모르고 지냈어요. 임금도, 벼슬아치도, 장군도, 병사도, 백성도, 누구도 전쟁을 걱정하지 않았지요. 그러다 1592년 4월 13일, 전쟁이 일어났어요. 조선은 서로 사신을 보내며 이웃하던 나라에 짓밟혔고, 죄 없는 많은 사람이 죽었어요.

임진왜란 그때, 신립 장군은 탄금대에서 목숨을 걸고 적에 맞섰고, 곽재우 장군은 의병을 일으켜 왜적의 길목을 막았으며, 이순신 장군은 바다를 건너온 왜적이 바다를 두려워하게 만들었어요. 김시민 장군은 진주성을 지켜 전라도로 향하는 왜적을 막았고, 권율 장군은 행주산성 전투에서 이겨 한성을 되찾을 발판을 마련했어요. 신립, 곽재우, 이순신, 김시민, 권율까지, 이같이 용감한 장군들이 없었더라면 조선은 과연 어떻게 되었을까요?

우리가 잊지 말아야 할 사람들은 위대한 장군들뿐만이 아니에요. 신립 장군이 탄금대에서 적에 맞설 때, 수없이 많은 조선의 기병과 보병 들이 함께 싸우다 죽었어요. 곽재우 장군이 의령에서 의병을 일으켰을 때는 목숨을 걸고 달려와 준 백성들이 있었지요.

이순신 장군이 바다를 지킬 때는 같이 싸운 수군들이 있었고, 김시민 장군과 권율 장군이 진주성과 행주산성을 지킬 때는 같이 산성을 지킨 관군과 승군 들이 있었어요. 돌을 나르고 기와를 깨던 노인들과 물을 끓이고 돌을 던지던 여인들, 그리고 병사의 옷을 입고 성을 지키던 아이들도 있었지요. 오늘 이 나라는 그때 조선의 모든 백성이 목숨을 걸고 지켜 낸 나라예요.

우리가 역사를 배우고 지난날을 잊지 말아야 하는 것은 역사가 반복될 수 있기 때문이에요. 우리는 430년 전 임진왜란을 겪었고, 100여 년 전에는 일제 강점기를 경험했어요. 임진왜란이 벌어진 뒤에 나라를 지켜 낸 위대한 장군들, 일제 강점기에 나라를 되찾기 위해 목숨을 걸었던 독립운동가들에게 그저 감사하는 마음만 가진다면 역사는 또다시 되풀이될 수 있어요.

이 책을 통해 임진왜란 때 나라를 지켰던 위대한 다섯 장군을 기억하고 감사하며, 동시에 돌을 나르고 물을 끓이던 수많은 조선의 백성 중 하나가 바로 나라는 생각을 하는 계기가 되었으면 좋겠습니다.

2023년 6월
박은정

차례

초대하는 글 4

신립
죽기를 각오하고 배수진을 치다 8

곽재우
의로운 병사가 되어 나라를 지키다 44

이순신
바다로 들어온 적은 돌려보내지 않는다 82

김시민
진주성으로는 한 발도 들일 수 없다 116

권율
빼앗긴 한성을 되찾다 152

부록 역사 선생님이 들려주는 임진왜란 이야기 191

신립

죽기를 각오하고 배수진을 치다

불안한 봄

"신립이 왔습니다."

1592년 4월 1일, 신립이 씩씩한 걸음으로 류성룡의 집 대문을 들어섰다. 새카맣게 그을린 신립의 얼굴이 한 달이 넘도록 지방을 돌아다니다 막 돌아왔음을 여실히 보여 주고 있었다.

"어서 오시게."

류성룡이 반갑게 맞았다.

"그간 평안하셨습니까?"

큰 발로 성큼성큼 마당을 걸어오던 신립이 환하게 웃었다.

"궐에는 드셨는가?"

신립이 방에 들기도 전에 류성룡이 물었다.

"궐에서 오는 길입니다."

신립이 낮고 굵은 목소리로 대답했다. 훤칠한 키에 커다란 몸

집, 강인한 얼굴선까지 신립의 겉모습은 어디 하나 장군감 아닌 구석이 없었다.

"지방의 상황은 어떻던가?"

신립이 숨을 고르기도 전에 류성룡이 거듭 물었다. 선조 임금의 명령으로 지방의 군사 상황을 점검하고 돌아온 신립에게 궁금한 것이 많은 듯했다.

"엉망이었습니다."

지방의 상황에 대해 신립이 내뱉은 첫마디였다.

"무기가 제대로 갖추어진 곳이 하나도 없었으니까요. 문서에는 무기를 갖추었다고 써 놓았는데, 실제로 무기 창고를 가 보면 텅텅 빈 곳이 태반이었습니다. 있는 것도 제대로 관리가 안 되어서 쓸 만한 것이 없었고 말입니다. 창이고 활이고 죄다 망가지고 녹이 슬어 있으니, 어이가 없었습니다."

말을 하면 할수록 점점 더 화가 치미는 듯 신립의 인상이 구겨졌다.

"저런!"

류성룡도 미간을 잔뜩 찌푸렸다. 류성룡의 걱정을 알아챈 신립이 얼굴빛을 바꾸며 손사래를 쳤다.

"걱정하지 마십시오! 가는 곳마다 병사와 무기를 정비하라고 엄하게 다스려 놓았습니다."

신립이 자세를 고쳐 앉으며 대답했다. 조선에서 가장 용맹한 장수답게 신립의 얼굴에는 자신감이 넘쳤다.

"……."

굳게 입을 다문 류성룡이 신립의 눈을 똑바로 마주 보았다.

"허허, 제가 괜한 말로 좌상 어른을 걱정시켰나 봅니다."

좌의정을 지내고 있는 류성룡을 신립은 좌상 어른이라 불렀다. 류성룡의 굳은 얼굴에 신립은 안절부절못했다.

"조만간 전쟁이 난다면 마땅히 그대가 지휘를 맡게 될 것이네. 막아 낼 자신이 있는가?"

빤히 신립의 얼굴을 쳐다보던 류성룡이 천천히 입을 열었다.

"설마 전쟁이 나겠습니까? 직접 왜국에 다녀오신 학봉 어르신도 전쟁의 기미는 느끼지 못했다 하지 않으셨습니까."

신립이 웃으며 건성으로 대답했다. 왜국은 일본을 뜻했고, 학봉은 김성일의 호였다.

1591년 봄에 황윤길과 김성일이 왜국에 사신으로 다녀왔다. 왜국에서 겪은 일을 보고하는 자리에서 황윤길은 머지않아 전쟁이 일어날 것이라 말했고, 김성일은 왜국이 전쟁을 일으킬 기미를 느끼지 못했다고 말했다. 함께 왜국에 다녀온 두 사람의 말이 다르자, 선조 임금은 물론이고 조정의 신하들까지 갈피를 잡지 못해 우왕좌왕했다.

"들자 하니 왜국에서 군사를 거느리고 명나라를 치겠다 하지 않는가? 근래 저들의 태도가 방자하기 그지없네."

류성룡이 굳은 얼굴로 말했다.

왜국의 새로운 권력자인 도요토미 히데요시는 왜국이 명나라를 치러 갈 것이니 조선이 길을 안내하고 전쟁을 도울 것을 요구했다. 명나라와 사이가 좋았던 조선은 왜국의 요구가 무리하다 여겼고, 바다 건너 작은 나라인 왜가 대륙의 큰 나라인 명을 치겠다는 말을 믿을 수도 없었다. 더욱이 황윤길과 김성일의 말이 달라 혼란스럽기 그지없었다.

"설령 전쟁이 일어난다 해도 걱정할 것 없습니다."

신립이 여유로운 얼굴로 태연히 말했다. 북방 여진족과의 전쟁에서 오랫동안 단련된 신립은 설사 왜국이 전쟁을 일으킨다 해도 두렵지 않았다.

"쉽게 말할 일이 아니네. 저들은 조총이라는 새로운 무기를 가지고 있어. 결코 만만히 볼 상대가 아니란 말이네."

"조총이 별거랍니까? 조총은 어디 쏘는 대로 다 맞춘답니까?"

신립은 되레 큰소리를 쳤다. 왜국이 사용한다는 조총의 위력이 어느 정도인지는 모르지만, 여진족과의 전쟁에서 승리한 경험이 있던 신립에게는 문제 되지 않았다.

"태평한 세월이 계속되어 병사들이 모두 나약해졌네. 이럴 때 전쟁이 일어나면 막아 낼 길이 없을 것이야. 참으로 걱정이네."

류성룡은 고개를 가로저었다.

전쟁이 일어날지 확실하지 않은 상황에서도 조선의 임금과 신하들은 혹시 모를 전쟁을 대비해야 했다. 조선은 아주 오래도록 평화로운 나라였다. 나라가 세워지고 200년 동안 전쟁을 모르고 지냈던 조선의 백성들은 전쟁에 대비하라는 조정의

명령에 불평을 늘어놓았다.

"태평한 시대에 무슨 전쟁이 난다는 거야?"

"농사짓기도 바쁜데 우리더러 성을 쌓으라고?"

"바다 건너 왜국이 쳐들어온다니 말이 되는 소리야? 넓디넓은 바다를 어찌 건너오겠어?"

전쟁에 대해 무지한 것은 평화에 익숙해진 백성들뿐만이 아니었다. 실제로 전쟁을 겪은 적이 없는 조정의 장수들도 전쟁을 알지 못했다. 장수들은 병사를 선발하는 일에도 미숙했고 훈련 방법도 서툴렀다. 조선의 임금도, 백성도, 장수도, 병사도, 모두 전쟁을 모르기는 마찬가지였다.

"별걱정을 다 하십니다. 허허."

류성룡은 거듭 걱정했지만, 신립은 류성룡의 말을 귀담아듣지 않았다. 신립은 1583년에 말 탄 병사 10여 명만으로 여진족에 돌격하여 이긴 경험이 있는 장수였다. 신립은 너른 벌판과 말 탄 병사들만 있다면 어떠한 적도 이길 자신이 있었다.

죽기를 각오하고 싸우리

1592년 4월 13일, 왜군이 부산 앞바다를 뒤덮었다. 대마도에서부터 부산포 앞바다까지 왜군이 타고 온 배가 가득하여 그 끝이 보이지 않았다. 순식간에 부산을 함락한 왜군은 두 갈래로 나뉘어 김해와 밀양으로 진격했고, 200년 동안 전쟁을 모르고 지내던 조선의 백성들은 적이 쳐들어왔다는 소문만으로도 지레 놀라 무너졌다. 바람 앞에 쓰러지는 풀잎처럼 왜군이 거치는 곳마다 함락되는데 누구 하나 왜군의 진군을 막아 내지 못했다.

"어찌하면 좋단 말인가?"

"이일을 보내십시오."

왜군의 침범 소식을 들은 선조 임금과 조정의 신하들은 다급해졌다. 조정에서는 이일을 순변사로 임명해 상주로 가게 했다.

1592년 4월 17일, 이일이 상주로 가기 위해 정예병 300명을 모집하려 했으나 훈련받은 병사가 거의 없었다. 병사라고 모아 놓은 사람들도 글공부만 하는 선비들로, 전쟁하러 가는 마당에 관복을 갖춰 입고 서책을 들고나온 사람이 반을 넘었다. 전쟁을 치르러 갈 병사를 구하지 못한 이일은 임금의 명을 받은 지 3일이 되도록 한양을 떠나지 못했다. 이일은 어쩔 수 없이 별장에게 병사를 모아 뒤따라오라 명하고, 겨우 모집한 60여 명의 병사만 거느리고 먼저 상주로 출발했다.

"이일이 출발하기는 했으나 데리고 간 병사가 너무 적습니다. 제가 뒤따르겠습니다."

신립이 류성룡을 찾아가 말했다.

"용맹한 장수인 신립을 보내 이일의 구원병이 되게 하소서."

류성룡은 선조 임금 앞에 나아가 신립의 뜻을 아뢰었고, 선조 임금은 곧바로 신립을 불러들였다.

"그대가 왜적을 막을 수 있겠는가?"

"전하, 신에게 맡겨 주시옵소서."

선조 임금의 물음에 신립이 자신만만하게 대답했다. 왜적으로부터 나라를 구하겠다는 진실한 마음과 왜적과의 전투에서 승리하고야 말겠다는 자신감으로 똘똘 뭉친 신립이었다.

선조 임금은 신립을 도순변사로 임명하고 충주로 가게 했다. 충주는 부산에서부터 밀고 올라오는 왜군이 반드시 거치게 되는 지역이었다. 특히 충주에 있는 조령은 소백산맥 남쪽의 상주와 소백산맥 북쪽의 충주를 연결하는 고개였으며, 부산에서 한양까지 가장 짧은 거리로 연결되는 지점이었다. 한양으로 밀어닥치는 왜군을 막아 내기 위해서 충주는 반드시 지켜야 하는 핵심 지역이었다.

"보검을 받아라. 전장에서 모든 권한을 그대에게 부여함을 이 보검으로 증명하노라."

선조 임금이 떠나는 신립에게 보검을 직접 건네주며 나라를 지켜 달라고 부탁했다.

"신립 장군이시다!"

"장군이 나섰으니 걱정이 없구나."

한성 안의 사람들이 모두 나와 충주로 떠나는 조선 최고의 장수 신립을 전송했다. 신립은 조선의 임금에게도, 백성에게도 믿음직스러운 장군이었다.

1592년 4월 26일, 도순변사 신립이 병사들을 이끌고 단월역에 이르렀다. 단월역은 충주성에 조금 못 미치는 곳에 있는 지역으로 충주성과 조령의 중간에 있었다.

"여기 단월역에 진을 칠 것이다."

신립이 단월역 주변을 둘러보며 말했다. 단월역 뒤로는 높지는 않지만 나무가 울창한 산이 있었고, 단월역 앞으로는 달천이라는 강이 흐르고 있었다. 왜적이 조령을 넘어온다면 충주로 가기 위해 반드시 지나야 하는 곳이 단월역이었다.

신립은 단월역에 진을 치기 위해 분주히 움직이는 병사들을 돌아보았다. 한양은 물론이고 가까운 고을에서까지 활을 쏠 줄 아는 사람들을 급하게 모집했지만, 신립이 이끄는 군사는 겨우 8,000명이었다. 왜적에 맞서 충주를 지켜 내겠다는 신립의 의지에 비해 이끌고 간 병사의 수는 턱없이 부족했다.

1592년 4월 27일, 신립은 종사관 김여물을 데리고 조령에 올랐다. 조령은 소백산맥에서 가장 높은 산맥으로, 나는 새조차 넘어가기 힘들다는 험한 고개였다.

"어떤가?"

조령 꼭대기에서 충주를 내려다보며 신립이 물었다. 험준한 산세를 둘러보던 김여물이 고개를 끄덕였다.

"부산을 점령하고 하루 만에 밀양까지 올라온 적의 기세를 보면

맞서 싸우기 쉽지 않을 듯합니다. 이곳 조령은 산세가 높고 험준하며 나무가 울창하니, 병사들을 숨겨 적을 기다리기에 적합합니다. 적들이 골짜기로 들어올 때까지 숨어서 기다리다가 높은 고개에서 아래로 활을 쏘면 적을 물리칠 수 있습니다."

김여물이 골짜기 이곳저곳을 손으로 가리키며 작전을 이야기했다. 김여물은 활쏘기와 말타기를 잘할 뿐만 아니라 전투 작전을 짜는 병법에도 밝았다.

"······."

신립은 김여물의 작전을 들으며 말없이 고개를 끄덕일 뿐이었다.

"만약 적을 이기지 못한다 하더라도, 조령은 나무가 울창하고 바위가 많아 병사들이 몸을 숨겨 물러날 곳을 확보할 수 있습니다. 만약 조령을 적에게 내준다 하더라도, 물러나 한성을 지키는 것이 또 하나의 방법이 될 것입니다."

김여물이 대답 없는 신립에게 다시 작전을 설명했다. 김여물은 단월역보다 조령에 진을 치고 적을 맞이하는 것이 이길 가능성이 크다고 확신했다. 그러나 김여물의 거듭되는 설명에도 신립은 잠자코 고개만 끄덕일 뿐이었다.

"장군, 저기를 보십시오!"

김여물이 골짜기 아래를 가리키며 소리쳤다. 신립이 내려다보니 조선 장수 옷을 입은 한 사람이 조령을 올라오고 있었다. 신립과 김여물은 올라오는 사람이 이일이라는 것을 확인하고 급하게 조령을 내려갔다.

"어찌 된 일이오?"

신립이 병사 한 명과 하인 한 명만을 데리고 맨몸으로 조령에 온 이일을 보고 물었다.

"상주를 적에게 빼앗겼습니다. 장군께서 충주에 계신다 하여 장군을 뵈러 가는 길이었습니다. 죽여 주십시오."

이일이 신립 앞에 꿇어앉아 울부짖었다. 신립과 김여물은 놀란 얼굴로 서로를 쳐다보았다.

"일어나시오. 상주를 지키지 못해 죽을죄를 지었으니, 죽을 각오로 충주를 지킵시다."

신립이 이일의 손을 잡고 일으켰다.

"적의 형세가 어떠하였소?"

조령 너머에 있는 상주를 빼앗겼으니 적이 충주에 도착하기까지 하루밖에 남지 않았다. 신립은 턱밑까지 들이닥친 왜적의 상황이 몹시도 궁금했다.

"적의 수는 많았고 오랜 기간 훈련된 병사들이었습니다. 제대로 훈련받지 못한 우리 병사들을 데리고는 감당할 수가 없었습니다."

이일이 침울한 얼굴로 말했다. 듣고 있던 신립 또한 낯빛이 어두워졌다.

이일과 함께 단월역으로 돌아온 신립은 한참이 지나도록 혼자만의 생각에 잠겨 있었다. 김여물과 이일은 적들과의 한판 전투를 위해 병사들을 달래면서 신립의 결정을 기다렸다.

"탄금대에 진을 치고 적을 기다릴 것이다."

길었던 고민을 끝낸 신립이 김여물과 이일을 불러 말했다.

"적은 병사의 수가 많고 우리는 적습니다. 넓고 확 트인 탄금대에서는 많은 수의 적을 막아 낼 방법이 없습니다. 조령에 진을 쳐야 합니다. 험준한 조령을 지키면서 적을 막아 내야 합니다."

생각지도 못한 신립의 결정에 김여물이 다급하게 의견을 냈다.

"조령에 진을 치고 있다가 적이 충주로 오기 전에 우리가 상주로 쳐들어갈 수도 있습니다."

김여물이 신립의 대답을 기다리지 못하고 거듭 말했다. 김여물의 생각으로는 탄금대가 아니라 반드시 조령에 진을 치고 적을 맞아야 했다.

"조령은 산세가 높고 험해서 기병을 활용할 수가 없다. 우리 조선은 예로부터 기병을 앞세워 싸움에서 이겨 왔다. 이번 전쟁에서도 승리하려면 너른 들판에서 기병들이 한바탕 싸울 수 있도록 해야 할 것이다."

신립이 무거운 목소리로 입을 열었다. 기병은 말을 타고 싸우는 병사들을 가리킨다. 조선은 주로 말을 타고 다니는 북방의 여진족과 싸웠기 때문에 기병술이 발달해 있었다. 말을 타고 달리는 기병술을 활용하려면 탄금대 같은 너른 벌판이 유리했다.

"저들은 수가 많습니다."

김여물이 지지 않고 맞섰다.

"알고 있다. 허나, 우리 병사들은 제대로 된 훈련을 받지 못했다. 전쟁의 경험이 없는 병사들을 사방이 뚫려 있는 조령에 진을 치게 하면, 적과 싸우기보다 도망가기 급급할 것이다. 반면 탄금대는 삼면이 강으로 둘러싸여 있다. 탄금대에 병사들을 놓아두면 도망가려 해도 도망갈 곳이 없다."

"배수진을 친다는 것입니까?"

신립의 말에 김여물이 다시 물었다. 배수진은 물을 등 뒤에 두는 진법이다. 보통 진을 칠 때 산을 뒤쪽에 두고 강을 앞쪽에 두는

데, 이는 불리한 상황에 처했을 때 후퇴할 길을 확보하기 위해서였다. 산을 뒤에 두고 적과 싸우다 후퇴하게 되면, 병사들이 산에 있는 나무나 바위에 몸을 숨길 수가 있었다. 그런데 물을 뒤에 두고 싸우면 더 이상 물러설 곳이 없게 된다. 물에 빠져 죽거나 적의 칼에 맞아 죽을 수밖에 없다. 배수진을 친다는 것은 곧 싸우다 죽기를 각오하고 진을 친다는 뜻이었다.

"그렇다. 죽을 곳에 두면 살고, 살 곳에 두면 죽는다고 했다. 우리에게 물러설 곳은 없다. 충주를 빼앗기면 다음은 한성이다. 탄금대에 배수진을 치고 반드시 충주를 지켜야 한다."

신립은 병사들을 이끌고 탄금대로 나갔다. 탄금대는 견문산 북쪽 절벽 위의 좁은 언덕에 있었는데, 탄금대에서 남한강 쪽으로는 깎아지른 낭떠러지였고 낭떠러지 밑으로는 깊은 강물이었다. 남한강과 달천의 두 줄기 강물이 삼면으로 감싸 흐르니 탄금대의 삼면은 물이었고, 앞으로는 너른 논이 펼쳐져 있었다. 신립은 탄금대의 남쪽 앞으로 펼쳐져 있는 평평한 땅에 진을 치게 했다.

어찌 살기를 바라겠는가

1592년 4월 28일 새벽이었다.

"장군, 적이 나타났습니다."

탄금대에 설치된 막사로 뛰어들어 온 김여물이 소리쳤다. 밤을 새워 작전을 짜던 신립이 깜짝 놀라 일어섰다. 막사를 나간 신립은 견문산 언덕에서 모시래 들판을 내려다보았다. 왜군이 견문산 남쪽 평지로 오고 있었다.

"단월역에 나간 척후군은 무엇을 하고 있던 것이냐?"

신립은 전날인 4월 27일, 이일에게 적의 상황을 살피는 척후병으로 구성된 군대를 거느리고 단월역에 나가 적이 오는지 감시하게 했었다.

"아무래도 적에게 당한 듯합니다."

4월 28일 새벽에 왜적이 탄금대 앞에 나타났다는 것은 적들이 어젯밤 조령을 넘어 단월역에 도착했다는 뜻이었다. 또한 척후군의 연락이 없었다는 것은 적이 도착했다는 사실을 신립에게 알리지 못할 상황이었다는 의미였다.

"적의 수는 얼마나 되는가?"

"왜적의 수는 그리 많지 않습니다."

모시래 들판에 화려한 깃발을 등에 꽂고 줄을 지어 서 있는 왜적들이 보였다. 왜적의 등장이 갑작스러워 당황하기는 했지만, 생각보다 그 수가 많아 보이지는 않았다.

"선봉대다."

신립이 말했다. 선봉대는 전체 부대인 본진이 움직이기에 앞서 적의 정세를 살피기 위해 미리 보내는 군대였다. 본진의 군사가 수만 명이라면 선봉대는 보통 수천 명 정도씩 움직였다.

"적이 지쳐 있습니다."

김여물이 적진을 살피며 말했다.

"그렇구나."

깃발을 펼치지 않고 느릿느릿 행군하는 왜적들의 모습이 상당히 지치고 힘들어 보였다. 왜적의 부대 앞에는 긴 창을 든 병사들이 터덜터덜 걷고 있었다. 싸울 의지도 없어 보였다.

"기병을 준비시켜라."

신립의 명령을 받은 김여물이 걸어서 움직이는 병사인 보병에게 탄금대 앞의 진을 지키게 하고, 말을 타고 움직이는 기병을 이끌고 나왔다.

"가자!"

"이랴!"

신립이 먼저 말을 타고 달리니, 김여물을 비롯한 조선의 기병들이 신립의 뒤를 따랐다. 탄금대 앞은 논이 많아 땅이 질퍽하고 물풀이 엉켜 있어서 말을 타고 달리기에는 불편했다. 그래도 신립과 조선의 기병들은 왜적에 맞서기 위해 힘껏 달려 나갔다.

조선군이 오는 것을 확인한 왜적들도 열을 갖추고 맞설 준비를 했다.

"대열을 정비하라!"

앞서 달리던 신립이 오른팔을 들어 보이니, 뒤따르던 김여물이 소리쳤다. 김여물의 명령을 들은 조선의 기병들은 달리던 말을 진정시키며 초승달 모양으로 열을 지었다.

"적의 수가 많지 않다. 한 명도 빠져나가지 못하게 포위하고 공격하라!"

초승달 모양으로 늘어선 기병 중 맨 앞에 서 있던 신립이 소리쳤다. 조선의 기병들은 초승달 모양으로 진을 치고 적을 그 안으로 끌어들인 뒤에 화살을 쏘는 작전을 잘 썼다. 신립은 초승달 모양으로 열을 지은 기병들을 이끌고 조금씩 왜적의 앞으로 나아갔다. 화살이 닿을 거리까지 거리를 좁혀 싸울 요량이었다.

"장군, 복병입니다!"

아직 조선의 기병들이 쏘는 화살이 왜적에게 닿을 거리까지 이르지 못했을 때였다. 병사의 다급한 외침을 들은 신립이 고개를 돌리니, 길가 숲에 몸을 숨기고 있던 왜군의 복병들이 화려한 그림이 그려진 깃발을 휘날리며 한꺼번에 일어났다. 숨어 있던 왜적들의 맨 앞줄에는 조총을 든 병사들이 늘어서 있었고, 그 뒤에 활과 긴 창, 긴 칼을 든 병사들이 서 있었다.

"속았습니다! 적들이 병사를 숨겨 놓고 우리를 유인한 것입니다."

김여물이 소리쳤다.

"당황하지 마라! 화살이 닿을 거리까지 다가가 쏴라."

신립이 앞장서자 조선의 기병들은 망설임 없이 신립을 따랐다.

"땅! 땅!"

"으악!"

놀란 신립이 좌우를 돌아보았다. 왜적이 쏜 조총에 맞은 병사가 말에서 떨어지고 있었다.

"무슨 일이냐?"

"저들이 쏜 조총에 맞았습니다."

"수백 걸음 밖이다. 화살이 닿는 거리의 다섯 배는 되는 거리인데, 이 거리까지 총알이 닿는단 말이냐?"

신립은 조총이라는 새로운 무기의 위력에 당황했다. 화살을 주된 무기로 쓰는 조선군은 적에 화살이 닿을 거리까지 다가가야만 활을 쏠 수 있었다. 그런데 화살이 닿는 거리의 다섯 배나 먼 거리에서 쏜 조총에 조선군이 맞고 있는 것이었다. 더구나 조총은 화살과 달리 맞는 대로 갑옷을 뚫고 들어갔다.

"물러서지 마라!"

신립과 김여물이 병사들을 독려하며 적을 향해 달렸다. 신립과 김여물은 달리는 말 위에서 칼을 뽑아 들었고, 활을 찬 병사들은 활시위를 당겼다.

"화살이 닿기에는 거리가 너무 멉니다!"

활을 든 병사가 소리쳤다.

"달려라!"

신립이 더욱 빠르게 말을 달렸다. 얼른 화살이 닿을 수 있는 거리까지 달려서 활을 쏘아야만 했다.

"땅! 땅!"

"아악!"

"땅! 땅!"

"으악!"

대포 소리가 천지에 진동하면서 말을 타고 가던 신립의 병사들이 고꾸라졌다. 신립이 주변을 돌아볼 겨를도 없이 나열한 왜적들이 대포와 조총을 비 뿌리듯 쏘아 댔다. 왜적들이 쏘는 조총의 탄환이 신립의 병사들을 맞히는데, 날아오는 탄환마다 빗나가는 것이 없었다. 총을 맞은 신립의 병사들이 하나둘 말에서 떨어졌다. 조총은 화살보다 멀리 쏠 수 있었고, 나는 새도 떨어뜨릴 만큼 겨냥한 곳을 잘 맞혔다.

"불리합니다!"

김여물이 신립에게 소리쳤다.

"땅! 땅!"

숨어 있던 적병들이 계속 쏟아져 나오고, 총소리는 끊이지 않앉다.

"탄금대로 돌아가자!"

신립이 말머리를 돌리니, 김여물과 따르는 병사들도 말머리를 돌렸다. 신립은 전속력으로 말을 몰아 탄금대로 향했다. 왜적 중 말을 탄 자들이 신립의 병사들을 추격했다.

"장군, 저기를 보십시오."

김여물이 신립의 뒤를 따르며 소리쳤다. 신립은 달리는 말을 멈추지 않고 김여물이 가리키는 곳을 보았다.

"이런!"

적들의 무기가 햇빛을 반사해 반짝반짝한 빛이 탄금대 앞 벌판에 가득했고, 조총 소리가 땅을 울렸다. 신립이 말을 달리며 보니 달천 강변을 따라 내려오는 길에도 적들이 가득했고, 산을 따라 올라가 강의 상류를 건너는 왜적 무리도 보였다.

'속았구나.'

신립은 생각보다 훨씬 많은 적들이 세 갈래로 나누어 공격하고 있다는 것을 뒤늦게 깨달았다. 왜적은 탄금대에 선봉대만 보낸 것이 아니라, 본진이 한꺼번에 쳐들어와 공격하고 있었다. 다만 신립을 속이기 위해 세 갈래로 부대를 나누어 두 부대는 몰래 옆과 뒤로 나누어 보내고, 소수의 부대만 지친 것처럼 보이도록 속이며 앞으로 보낸 것이었다.

'저런!'

탄금대의 삼면에 흐르는 강물에는 이미 물에 빠져 죽은 병사들의 시체가 가득했다. 총소리가 땅을 울리고 탄환이 빗발쳤다.

"가자!"

"달려라!"

신립은 주저 없이 탄금대로 달렸다. 김여물과 따르는 병사들도 있는 힘껏 탄금대로 향했다. 달리는 말이 일으키는 먼지가 하늘을 덮었고 조선군의 고함이 산을 흔들었다. 신립의 뒤에는 왜적들이 조총을 쏘며 쫓아오고 있었고, 앞에는 조선의 병사들을 죽이는 왜적의 무기가 햇빛에 번쩍이고 있었다.

신립과 김여물은 탄금대에 이르러 수십 명의 적을 죽였지만, 셀 수 없이 밀려오는 적과 맞서기에는 힘이 부족했다. 신립과 김여물은 끝없이 덤벼드는 왜적과 싸우면서 밀리고 밀려 달천으로 쫓겼다. 달천에는 이미 켜켜이 쌓인 조선 병사들의 시체가 산을 이루고 있었다.

'대체 무엇이 잘못된 것인가? 조총의 위력이 이리도 강했단 말인가?'

신립은 여기저기서 적에게 찔리고 베여 죽어 가는 병사들을 바라보며 절망했다. 한성을 지키기 위해 반드시 이겨야만 했던 전투, 죽기를 각오하고 배수진을 쳤던 탄금대 전투에서 처절하게 패하고 말았다. 신립은 탄금대 전투에서의 패배를 인정할 수밖에 없었다.

"살기를 바라는가?"

신립이 김여물에게 물었다.

"제가 목숨을 아낄 사람입니까?"

말을 탄 채로 왜적과 칼부림하던 김여물이 웃으며 대답했다.

"가세."

"예, 장군."

신립과 김여물은 말을 탄 채로 거침없이 달천으로 뛰어들었다. 신립과 김여물을 따르던 마지막 병사 서너 명도 모두 달천으로 뛰어들어 죽었다. 그날, 흐르는 시체가 달천을 뒤덮었다.

신립

죽음을 두려워하지 않고 용맹을 떨치다

신립은 1583년 북방 여진족과의 전투에서 용맹을 떨쳤던 조선의 장군으로, 임진왜란 초기 충주를 지키기 위한 탄금대 전투에서 안타깝게 패전하였다. 신립은 1546년 명종 임금 때에 태어나 1592년 탄금대 전투 중에 전사하였으며, 시호는 충성스럽고 용맹하다는 뜻의 '충장(忠壯)'이다.

신립 장군 순절비
탄금대에서 일본군과 맞서 싸우다 순절한 신립 장군을 기려 세운 비. 충청북도 충주시에 있다.

기자는 탄금대 전투에서 신립과 함께 싸웠던 종사관 김여물의 아들인 김류를 만났다. 김류는 탄금대 전투에 대해 하고 싶은 말이 있다며 기자에게 연락해 왔다.

탄금대 전투에 대해 하고 싶으신 말씀이 있다고요?

당시 신립 장군과 아버지는 조령에 올라 왜군을 막을 방법을 논의하셨어요. 그때 아버지는 적은 병력으로 막대한 수의 적을 막기 위해서는 험준한 조령에 군사를 숨겨 놓아야 한다고 하셨고, 신립 장군께서는 기마병이 작전을 펼칠 수 있는 평지인 탄금대에 진을 쳐야 한다고 하셨지요. 신립 장군은 아버지의 말을 듣지 않고 탄금대에 진을 쳤다가 전쟁에 패했어요. 그때 저희 아버지의 의견을 따랐으면 어땠을까 하는 아쉬움이 있지요.

하지만 저는 신립 장군이 탄금대 전투에서 패했다는 이유로 무능하다고 비난받는 것이 안타까워요. 결과적으로는 패했지만, 신립 장군도 나름대로 이유가 있어서 탄금대에 진을 친 거였거든요.

신립 장군이 탄금대에 진을 친 이유는 무엇인가요?

신립 장군은 북방 여진족과의 싸움에서 기병을 이용한 작전으로 크게 승리한 경험이 있었어요. 그래서 왜군과의 싸움에서도 기병을 활용할 계획을 세웠고, 이를 위해서는 평지인 탄금대가 유리하다고 생각했던 거지요. 게다가 조선군은 왜군보다 숫자도 적고 전쟁 경험도 부족했어요. 신립 장군은 부족한 군사들을 이끌고 많은 수의 왜적에 맞서기 위해서는 병사들의 전투 의지를 끌어올려야 한다고 생각했지요. 그래서 후퇴할 방법이 없는 배수진을 선택한 거예요. 배수진은 만약 전투에서 불리해지더라도 물러날 길이 없는 진법이니까요.

신립 장군이 탄금대에 진을 쳐서 전투에 진 것은 사실이잖아요?

맞아요. 신립 장군이 탄금대가 아니라 조령에 진을 치고 왜적을 맞았더라면 전투의 결과가 어떻게 바뀌었을지 알 수 없죠. 조령에서 싸웠더라면 훨씬 유리했을 거란 의견이 많아요. 결과적으로는 1592년 4월 28일에 벌어졌던 탄금대 전투에서 신립 장군이 패전하는 바람에 수많은 조선군이 죽었고 전세도 불리해졌어요. 4월 29일 신립이 패전했다는 소식을 들은 선조 임금은 한성을 버리고 평양으로 피난을 갔고, 임금이 버리고 간 한성은 5월 3일 왜군에게 함락되었어요. 탄금대 전투는 임진왜란 초기에 벌어졌던 최대 규모의 전투였고, 조선군에게 막대한 손실을 안긴 전투라는 말은 사실이죠.

더 하고 싶으신 말씀이 있나요?

신립 장군이 탄금대 전투에서 패한 것은 사실이지만, 당시 신립 장군이 전투에서 이기기 위해 나름대로 최선의 선택을 했다는 것만은 잊지 말았으면 해요. 신립 장군은 왜적이 사용하는 조총의 위력을 알지 못했어요. 또한 바다를 건너온 왜적은 조총을 사용할 뿐만 아니라 오랜 전쟁 경험으로 훈련되어 있기 때문에 북방의 여진족과는 다른 방식으로 대응했어야 한다는 것을 미처 몰랐지요. 그럼에도 우리가 잊지 말아야 하는 것은 신립 장군은 배수진을 치면서까지 나라를 지키기 위해 목숨 걸고 싸웠다는 사실이에요. 전투에서 졌건 이겼건, 신립 장군이 나라를 지키기 위해 왜군에 맞서 최선을 다해 싸웠다는 것만은 기억했으면 해요.

기자는 김류와의 인터뷰를 마치고 돌아오는 길에 신립 장군의 탄금대 전투에 대해 다시 한번 생각해 보았다. 신립 하면 언제나 탄금대 전투가 떠올랐고, 탄금대 전투는 임진왜란 중에 가장 크게 실패한 싸움이라고만 생각했었다. 하지만 전투의 승패를 떠나 신립 장군과 김여물 종사관, 그리고 탄금대 전투에서 죽어 간 모든 조선군이 최선을 다해 싸우며 나라를 지키려 했다는 사실만은 절대 잊어서는 안 될 것이다.

곽재우

의로운 병사가 되어 나라를 지키다

의로운 병사, 의병

"피난하는 사람들이 줄을 잇고 있습니다."

"조총을 들거나 긴 칼을 찬 왜적들이 만나는 사람마다 죽이고 코를 베어 가는데, 무자비하기 그지없답니다."

"마을마다 쳐들어와서는 구석구석 뒤져서 식량이 될 만한 것은 다 빼앗아 갔답니다."

"식량이 대수랍니까? 지나는 마을마다 불을 지른다니 우리도 어서 피난해야 합니다."

마을 입구에 갔다 온 만갑과 성협이 서로 뒤질세라 피난민들에게 들은 이야기를 곽재우에게 전했다. 만갑과 성협은 왜적을 직접 만나고 온 것처럼 겁에 질려 있었다.

"백성을 지켜야 할 수령들은 대체 뭘 했다더냐?"

얼굴이 붉게 변한 채 마루에 서 있던 곽재우가 마당에 서 있는 둘을 보고 소리쳤다.

"왜적이 온다는 말을 듣고는 북과 깃발을 버리고 먼저 도망갔답니다."

"네, 수령은 산속으로 들어가 숨고 병사들은 흩어졌답니다."

곽재우의 성난 표정에 움찔한 만갑과 성협이 서로의 얼굴을 쳐다보며 대답했다.

"왜적이 쳐들어왔는데 수령들이 도망갔단 말이냐? 기가 찰 노릇이구나!"

곽재우는 끝내 끓어오르는 화를 참지 못하고 마루 난간을 주먹으로 세게 내리쳤다. 만갑과 성협은 곽재우의 성난 기세에 눌려 고개를 움츠렸다.

1592년 4월 13일, 도요토미 히데요시가 이끄는 왜군이 부산에 상륙했다. 4월 14일에는 부산 첨사가 성을 지키기 위해 죽도록 싸우다 전사했다. 4월 15일에는 왜적이 동래로 쳐들어왔고, 동래 부사가 동래성 남문에 올라 싸우다 죽었다. 4월 16일에는 왜적이 울산과 양산으로 쳐들어가 마을에 불을 지르고 백성들을 죽였다. 밀양 부사가 왜적을 막아 보려 했지만 실패했다. 4월 18일, 왜적이 김해를 함락하자 김해 부사가 성을 버리고 달아났고 19일에는 왜군이 영산과 청도 등의 마을을 깡그리 불태워 버렸다. 경상 감사, 경상 좌병사, 경상 좌수사는 왜적이 도달했다는 소식을 듣고 먼저 달아났다. 전쟁이 나고 며칠이 지나도록 한양에서는 군대가 내려오지 않았고, 백성을 지켜야 할 수령은 백성들에게 피난하라고만 하고 도망가 버렸다. 그러는 사이 왜적이 지나는 마을마다 연달아 함락되었다.

"어제 저녁 식사도 안 하신 게지?"

"꼼짝 않고 방에만 계셔."

만갑과 성협은 밤이 깊도록 불이 켜진 곽재우의 방을 기웃거리며 소곤거렸다.

"왜적이 쳐들어오기 전에 우리도 얼른 피해야 할 텐데……."

"그러게. 나리께서도 피난 갈 궁리를 하시는 게지."

"우리도 얼른 가서 옷가지라도 챙기자."

"그려."

서로의 말에 연신 고개를 끄덕이던 만갑과 성협이 다시 불 켜진 곽재우의 방을 쳐다봤다. 만갑과 성협이 돌아가고도 한참이 지나도록 곽재우의 방에는 불이 꺼지지 않았다.

"무슨 일이여?"

"피난 가자고 말씀하시려는 거겠지."

새벽녘, 뜰에 모인 10명의 하인들이 웅성거렸다. 밤을 꼬박 새운 듯 불이 꺼지지 않던 방에서 나온 곽재우는 날이 새자마자 남자 하인들에게 뜰에 모이라고 했다.

"다들 모였느냐?"

대청마루에 나와 선 곽재우가 뜰에 모인 하인들을 내려다보며 물었다.

"예."

"예."

어젯밤 피난 갈 짐을 미리 싸 놓고 잤던 만갑과 성협은 예견했다는 듯 서로 눈짓하며 대답했다.

"바다 건너 왜적이 조선을 침략했고 머지않아 우리 마을에도 들이닥칠 것이다. 적군이 마을에 들어서면 노인들과 힘없는 여자들, 그리고 어린아이들이 적의 포로가 될 것이다. 우리 마을에 적과 맞서 싸울 수 있는 힘 있는 젊은이들이 수백 명은 될 터인데, 가만히 앉아서 죽기를 기다릴 것인가?"

숨을 고르던 곽재우가 말을 이었다.

"나라가 위급한 때에 수령이라는 자들은 적과 맞서 보지도 않고 도망가 버렸다. 맞서지도 않고 도망부터 간다면 이 땅을 누가 지키겠느냐? 나는 오늘 이곳 의령을 지킬 의로운 병사를 일으킬 것이다. 나를 따르는 사람은 의로운 병사가 될 것이며, 싸움이 두려운 자는 떠나도 좋다."

곽재우가 말을 마치자 성협이 만갑에게 작은 소리로 물었다.

"무슨 말씀을 하시는 거여?"

"몰라."

만갑과 성협뿐만 아니라 뜰에 모인 다른 하인들도 의아하기는 마찬가지였다.

"곳간 문을 열고 곡식을 꺼내라. 모든 곡식

을 마당에 쌓아 놓고 의령을 지킬 병사를 모집할 것이다."

곽재우가 말을 마치자 하인 중 일부는 그 뜻을 알아들었고, 나머지는 여전히 고개만 갸웃거렸다. 곽재우는 자신의 전 재산을 내걸고 나라를 지킬 병사를 모집하겠다는 것이었다.

"미치신 게야?"

"미치지는 않으신 것 같은데……."

병사를 일으키겠다는 곽재우의 뜻밖의 말에 하인들은 한참 동안 멍해 있었다.

"나를 따르겠느냐?"

한동안 말없이 기다리던 곽재우가 다시 하인들에게 물었다.

"네, 받들겠습니다."

"의령은 우리가 지켜야 합니다!"

하인 중 몇몇이 힘찬 목소리로 대답했다. 몇몇이 나서는 것을 본 나머지 하인들도 차례로 따랐다. 만갑과 성협도 마지못해 의로운 병사가 되기로 했다. 곽재우가 기쁜 얼굴로 10명의 의로운 병사들을 내려다보았다.

"오늘부터 우리는 의로운 병사, 의병이다."

1592년 4월 22일, 왜적이 조선을 침범한 지 채 열흘도 되지 않은 때에 곽재우는 스스로 의병을 일으켰다.

"이 종이를 마을 곳곳에 가져다 붙여라. 병사를 모집한다는 내용을 적었다."

곽재우가 내미는 종이를 만갑이 받아 들었다. 스무 장 남짓한 종이에는 글씨가 빽빽하게 쓰여 있었다. 곽재우가 밤을 꼬박 새워 적은 글이었다.

"심대승이라 합니다."

"어서 오시오."

"권란입니다."

"고맙소."

"박필입니다. 활을 좀 쏩니다."

"큰 힘이 되오."

곽재우가 병사를 모집하는 글을 붙인 뒤로 100여 명의 사람들이 의병이 되기 위해 모여들었는데, 그중에는 심대승, 권란, 박필처럼 용감하고 활을 잘 쏘는 사람들도 있었다.

홍의 장군을 따르라

"지난밤에 왜적 40여 명이 피난하는 사람들을 뒤쫓아 와서는 의령 관아와 성문을 불살랐답니다."

왜적의 움직임을 살피고 오라고 보냈던 하인이 돌아와서 의령 관아의 상황을 전했다. 수령이 도망가고 병사들이 흩어진 빈 관아에 왜적들이 들이닥쳐 불을 지른 것이었다.

"왜적들은 지금 어디로 향했느냐?"

"신반 마을에 불을 지르고 낙동강 하류에 배를 띄웠습니다."

곽재우가 벌떡 일어섰다.

"맘껏 짓밟았구나. 가자!"

곽재우는 의병들을 뜰에 모이도록 했다.

"오늘부터 나를 홍의 장군이라 불러라."

곽재우는 붉은색 저고리를 입고 병사들 앞에 나섰다. 흰색 저고리를 입은 병사들 사이에서 붉은색 저고리를 입은 곽재우는 유독 눈에 띄었다. 홍의는 '붉을 홍' 자에 '옷 의' 자로, 홍의 장군이란 붉은 옷을 입은 장군이라는 뜻이었다.

"우리는 낙동강으로 가서 왜적의 배를 침몰시킬 것이다."

곽재우의 말에 뜰에 모인 100여 명의 의병이 술렁였다.

"우리가 이길 수 있을까?"

"왜적은 무지막지하다던데?"

의로운 병사가 되겠다고 모이기는 했지만, 왜적과 싸워 본 적이 없는 병사들은 두려움이 앞섰다. 의병들은 불안한 눈으로 서로를 쳐다보았다.

"두려워 마라. 우리는 의로운 병사, 의병이다!"

말을 마친 곽재우가 말에 올라타자, 활을 잘 쏘는 심대승과 박필, 권란 등이 따라나섰다. 곽재우는 용감하게 나선 50여 명의 병사들을 이끌고 낙동강 하류로 향했다.

"저기 있습니다!"

병사 중 하나가 낙동강을 가리켰다. 강물 위에 떠 있는 배 3척에 조총을 든 왜적 40여 명이 나누어 타고 있었다.

"쉿! 적에게 우리가 왔다는 것을 들키면 안 된다. 너희들은 기산 꼭대기로 올라가 숨었다가, 신호를 보내면 일제히 화살에 불을 붙여 배를 향해 쏘아라. 나무로 만든 배는 불을 견디지 못할 것이다."

곽재우는 병사들을 낙동강 옆 기산으로 올라가 숨게 했다. 곽재우의 명을 받은 병사들은 발소리도 내지 않고 기산을 탔다. 기산의 울창한 나무와 들쑥날쑥한 바위가 의병들을 숨겨 주었다.

"너희들은 나와 같이 붉은 옷을 입고 내 지시를 따르거라."

곽재우는 키가 크고 힘이 센 병사 10명을 뽑아 무사들이 입는 옷인 붉은색 전포를 입히고 흰 말에 태웠다. 손에는 '홍의 장군'이라 크게 쓰인 깃발을 들게 하고는 높은 산봉우리의 꼭대기, 깎아지른 절벽 사이, 산 높은 곳의 폭포 위, 강 건너 수풀 틈, 나루터 뒤 등 여러 곳에 숨어 있게 했다.

"왜놈들아! 여기가 어디라고 침범했느냐? 홍의 장군이 지키는 한 너희는 살아서 낙동강을 건너지 못할 것이다."

활을 든 병사들이 기산 꼭대기에 도착한 것을 확인한 곽재우가 말을 타고 낙동강 가를 달리며 소리쳤다. 곽재우의 고함에 놀란 왜적들이 곽재우를 향해 조총을 쏘아 댔으나, 곽재우의 말이 어찌나 빠른지 맞힐 수가 없었다. 기강 가에서 말을 타고 달리던 곽재우가 사라지더니 갑자기 산봉우리의 절벽 사이에서 붉은 옷을 입은 홍의 장군이 나타나 소리쳤다.

"홍의 장군이 여기 있다!"

산봉우리의 홍의 장군이 사라지면 또 산 밑 나루터에서 홍의 장군이 달리고 있고, 순식간에 폭포 위에 서 있는가 하면 산봉우리 꼭대기에서 고함을 치기도 했다.

"나는 하늘이 내린 홍의 장군이다!"

붉은 저고리를 입고 흰 말을 탄 곽재우는 낙동강 가를 바람처럼 달리다가 사라졌다 싶으면 산봉우리에서, 또 산 밑자락에서 연이어 나타났다. 곽재우가 10명의 붉은 옷을 입은 병사들을 여기저기 숨겨 놓았다는 것을 알지 못하는 왜적들은 동에 번쩍 서에 번쩍 하는 홍의 장군을 당해 낼 길이 없었다.

"쏴라!"

그때 곽재우의 고함을 신호로 기산 위에 숨어 있던 의병들이 불화살을 한꺼번에 쏘아 댔다. 갑작스레 산꼭대기에서 날아드는 불화살에 왜적들은 당황했고, 불화살을 맞은 배에서는 불길이 치솟았다.

"명중이다. 계속해서 활을 쏴라!"

거듭되는 곽재우의 명령에 병사들은 있는 힘껏 활을 쏘았다. 숲이 울창한 기산 위에서 아래쪽으로 불화살을 쏘아 대니 왜적들은 곽재우의 병사가 어디에 있는지 찾지도 못했다. 조선 병사들이 모두 도망갔다고 생각했던 왜적들은 갑작스러운 의병의 등장에 놀라 뱃머리를 돌려 부리나케 도망갔다.

"와! 왜적이 도망간다."

"우리가 이겼다!"

도망가는 3척의 배를 보면서 의병들이 소리쳤다. 비록 40명의 왜적이었지만, 의병이 승리한 첫 전투였다. 의병들은 비로소 왜적에 대한 두려움을 떨쳐 냈다.

"낙동강 아래위로 있는 10개의 얕은 여울목마다 병사들을 숨겨 두고 마을 사람들을 지키게 하라. 혹시라도 강을 건너려는 왜적은 없는지 빈틈없이 지켜, 마을 사람들이 걱정 없게 하라."

"예, 장군."

홍의 장군 곽재우는 왜적을 막기 위해 병사들을 훈련하고 작전을 짰으며, 심대승, 권란, 박필은 곽재우의 명령을 한결같이 따랐다. 낙동강 여울목마다 병사들을 배치해 놓으니 왜적이 감히 낙동강을 건너지 못했다. 홍의 장군이 의령을 지키는 동안 의령의 백성들은 왜적이 나타날까 두려워하지 않고 평상시처럼 농사를 지을 수 있었다.

"식량이 부족합니다."

곽재우에게 모여드는 의병의 수가 점점 늘어나던 즈음, 심대승이 곽재우에게 말했다.

"……."

곽재우도 이를 알고 있었지만 뾰족한 대책이 없어 고민하던 참이었다. 곽재우가 자신의 곡식 창고를 활짝 열어 병사들을 맞았으나, 의병의 수가 계속 늘어나니 곡식이 바닥날 수밖에 없었다.

"의령과 초계의 관아가 비어 있지 않습니까?"

박필이 나섰다.

"관아요?"

심대승이 되물었다.

"어차피 수령은 도망갔고 관아를 지키던 병사들은 흩어졌습니다. 관아는 비었지만 관아의 곡식 창고는 그대로 있습니다."

박필이 자신 있게 말했다.

"그래도 관아의 곡식을 가져왔다간 도적으로 몰리지 않을까요?"

심대승이 걱정스러운 얼굴로 곽재우를 보았다.

"우리가 가져오지 않아도 왜적이 가져가겠지."

곽재우의 얼굴이 환해지며 고개를 끄덕였다.

"기강에 조세미를 싣고 가던 배도 버려져 있답니다. 왜적이 강가에 나타난 것을 보고 관리들이 줄행랑을 쳤답니다."

"조세미?"

곽재우가 반갑게 물었다.

"조세미는 임금에게 바치는 쌀입니다. 조세미를 건드렸다가는 역적으로 몰릴 수 있습니다."

심대승이 다급하게 나섰다.

"나라가 망한 뒤에 조세미가 무슨 소용이겠는가? 당장 가져오세."

곽재우는 50여 명의 병사들을 시켜 의령과 초계 관아의 곡식 창고에서 곡식을 가져오게 하고, 30여 명의 병사들을 기강으로 보내 버려진 조세미도 거둬 오게 했다. 덕분에 당장은 병사들의 끼니를 걱정하지 않을 수 있었다.

1592년 5월 20일, 곽재우가 의병을 일으킨 지 한 달이 지났지만 전쟁은 끝나지 않았다. 신립이 충주 탄금대 전투에서 패배한 이후 선조 임금은 한성을 버리고 평양으로 피난을 갔고, 왜적은 한걸음에 한성까지 내달아 5월 3일 한성을 차지했다.

조선 땅의 어느 곳도 왜적에 짓밟히지 않은 곳이 없었지만, 오직 곽재우의 의병이 지키는 의령만은 왜적이 들어오지 못했다. 왜적들은 홍의 장군이라는 이름만 들어도 오던 길을 돌아갔다. 곽재우의 의병이 의령 주변의 여러 고을까지 지켜 주니, 여유가 있는 집에서는 쌀을 보내고 소를 잡아 병사들에게 먹였다. 곽재우의 의병은 점점 규모가 커져 가고 있었다.

그러던 어느 날이었다.

"큰일 났습니다. 관에서 장군을 잡으러 온답니다."

왜적의 움직임을 살피러 나갔던 병사가 돌아와 급히 보고했다.

"무슨 일로 날 잡으러 온다는 것이냐?"

곽재우가 태연히 물었다.

"의령과 초계 관아의 곡식과 기강의 조세미를 훔쳤다는 죄목입니다."

병사가 난처한 얼굴로 대답했다.

"나를 도적으로 몬단 말이냐?"

얼굴이 벌겋게 달아오른 곽재우가 버럭 소리쳤다. 옆에 있던 심대승, 박필, 권란도 벌떡 일어섰다.

"나라의 군대인 관군이 곧 의령으로 들이닥칠 거라 합니다."

"관아를 버리고 도망갈 때는 언제고, 이제 와서 나를 잡으러 온다더냐? 의병과 도적의 차이는 천지가 알 것이다."

곽재우는 분이 풀리지 않아 씩씩거렸다. 왜적이 아니라 관군이 곽재우를 잡으러 온다는 말에 곽재우는 더욱 화가 났다.

그러나 곽재우로서는 달리 방법이 없었다. 곽재우는 나라에서 임명한 정식 장군이 아니었다. 사적으로 병사를 모았고 스스로 장군이 된 사람이었다. 나라에서 곽재우를 잡으려 한다는 소문이 퍼지자 곽재우를 따르던 의병들이 하나둘 떠나가더니 며칠 만에 모두 흩어져 버렸다. 곽재우 곁에는 심대승, 박필, 권란만이 남아 있었다.

"장군, 이대로 기운 빠져 계실 것입니까?"

"……."

심대승이 곽재우를 다그쳤지만 곽재우는 대답하지 않았다. 의병으로서 한 치의 부끄러움도 없는 곽재우였지만, 병사들이 모두 떠나 버리자 기운이 빠지는 것은 어쩔 수가 없었다.

"장군님, 한성에서 초유사가 내려와 장군을 만나자 한답니다."

곽재우의 방 앞에서 만갑이 말했다.

"초유사?"

심대승이 방문을 열고 물었다. 박필과 권란이 곽재우의 얼굴을 쳐다보았다. 초유사란 임금의 명을 받고 전쟁 중에 군사를 모집하고 백성을 위로하러 다니는 관리였다.

"어디서 보자더냐?"

곽재우가 일어나 방을 나섰다.

그길로 곽재우는 거창으로 달려가 초유사 김성일을 만났다. 곽재우가 도착하기 전에 김성일은 여러 사람에게 물어 곽재우가 의병을 일으켜 의령을 지켰던 일에 대해 알게 되었다.

"곽재우 그대가 의령을 맡아 주게."

그간의 이야기를 듣고 곽재우가 도적이 아니라 의병임을 확신한 김성일은 곽재우의 도적 누명을 벗기고 곽재우에게 의령을 지켜 달라고 공식적으로 요청했다.

"홍의 장군이 돌아오셨다."

"홍의 장군은 도적이 아니라 의병이시다."

곽재우는 비로소 나라에서 인정한 진짜 장군이 되었고, 흩어졌던 의병들도 하나둘 돌아오기 시작했다.

결전의 날

1592년 5월 23일, 성협이 곽재우에게 초유사 김성일이 보낸 편지를 전해 주었다.

"무슨 일입니까?"

심각한 표정으로 편지를 읽고 있는 곽재우에게 심대승이 물었다.

"김해에서 연락을 보내왔는데, 2,000여 명의 왜적이 전라 감사의 행차라고 속이고 여러 고을을 지나면서 약탈을 했다는군. 전주를 향해 가는 그들이 머지않아 의령을 지나갈 거라네."

"2,000명이라면 적지 않군요."

심대승의 얼굴이 심각해졌다. 곽재우의 의병이 낙동강에 나타난 왜적을 수차례 쫓아내기는 했지만, 지금까지 맞선 왜적의 수는 번번이 수십 명 정도에 지나지 않았다. 한꺼번에 2,000명의 왜적을 상대해 본 적이 없는 심대승은 걱정이 앞섰다.

"왜적이 어느 길목으로 들어오겠는가?"

"전주를 향해 간다면 낙동강의 하류인 기강을 따라 정암진을 지날 것입니다."

심대승이 대답했다.

"좋다. 정암진에 진을 칠 것이다."

"우리의 병사는 50명에 지나지 않는데, 2,000명에 달하는 왜적을 막을 수 있겠습니까?"

심대승이 다시 한번 물었다. 수백 명에 이르던 곽재우의 의병이 흩어진 이후 다시 모인 의병은 고작 50명 안팎이었다.

"적의 움직임을 알면 적을 막을 수 있다. 100리 밖에서부터 500걸음마다 한 명씩 척후병을 숨겨라. 적이 나타나거든 들키지 말고 전달해서 내게 알려라."

곽재우가 흔들림 없이 침착하게 말했다. 적이 오는 길목에 미리 나가거나 적진 가까이 다가가 적의 움직임을 감시하는 병사를 척후병이라 불렀다. 곽재우는 적의 공격이 예상되는 지점에 미리 척후병을 보내 길목을 지키게 하려는 것이었다.

"예, 장군."

심대승 또한 믿음직한 곽재우를 보고서 자신감을 회복했다.

"사람 키와 비슷한 병사 모양의 허수아비를 최대한 많이 만들어 정암진 주변 산 곳곳에 세워라. 손잡이 하나에 가지가 5개씩 달린 횃불도 미리 만들어 두어라."

"예, 장군."

박필이 대답했다. 박필은 곽재우의 명령에 이유를 묻지 않았다. 왜 허수아비를 세우라는 것인지, 왜 가지 하나에 5개씩 횃불을 달라는 것인지 묻지는 않았지만, 곽재우의 명령이라면 꼭 필요한 일이리라고 확신했다.

"활을 잘 쏘는 병사들을 따로 뽑아서 기강 주변의 산 높은 곳에 숨게 하라."

"예, 장군."

권란이 곽재우의 명을 받았다.

1592년 5월 26일, 전라도로 들어가려는 왜적이 전라 감사의 행차로 속이고 움직인다는 연락을 받은 지 사흘째 되던 날이었다.

"왜적의 배 1척이 나타나 정암진 근처에 여러 개의 깃발을 꽂고 돌아갔답니다."

"정암진으로 상륙하려고 표시를 한 것이구나. 정암진……."

척후병의 보고를 들은 곽재우가 잠시 생각에 잠겼다.

"정암진 근처에 갈대밭이 있지 않은가?"

곽재우가 눈을 반짝이며 심대승에게 물었다.

"갈대가 무성하고 땅이 질퍽한 늪입니다."

"그렇지. 적이 꽂아 놓고 간 깃발을 뽑아다 갈대밭으로 향하도록 방향을 고쳐 놓아라."

"예, 장군."

심대승이 곽재우의 명을 병사들에게 전달했다.

"왜적의 배 18척이 기강에 나타났습니다."

얼마 지나지 않아 왜적이 나타났다는 척후병의 보고가 들어왔다.

"횃불을 가지고 산으로 올라가 신호를 기다려라."

곽재우는 미리 만들어 두었던 가지가 5개씩 달린 횃불을 병사 한 사람당 2개씩 지니고 산으로 올라가게 시켰다.

"적이 오늘 밤에 정암진에 도착할 것이라 합니다."

척후병의 보고가 계속 이르렀다.

"밤이 되거든 병사들이 가지고 있는 횃불에 불을 붙여라. 한 사람당 5개의 가지가 달린 횃불 2개에 한꺼번에 불을 밝히면, 멀리서는 10배의 병사가 서 있는 것으로 보일 것이다."

"예, 장군."

적은 수의 병사로 많은 수의 적을 상대하기 위해 허수아비와 횃불로 적을 속이려는 계획이었다. 곳곳에 허수아비를 세워 두면 멀리서 살피는 왜적에게는 많은 수의 보초병이 서 있는 것처럼 보일 것이었다. 또 한 사람이 다섯 가지에 불을 붙인 횃불을 2개씩 들고 서 있으면, 한 사람이 서 있어도 10개의 횃불이 보이니 멀리서는 10명의 병사로 오해할 것이었다.

앞도 옆도 잘 보이지 않는 깜깜한 밤이 되었을 때였다. 정암진 나루에는 물 흐르는 소리만 들리고, 빛이라고는 하늘에 떠 있는 별빛뿐이었다.

"적이 나타났습니다."

보초를 서던 병사가 조용히 말했다. 정암진 나루로 오는 강의 입구에 불을 밝힌 왜적의 배가 1척 나타나더니 곧이어 17척의 배가 뒤따라 나타났다.

"저들이 더 가까이 오도록 조용히 기다려라."

곽재우의 명을 받은 의병들은 숨소리도 내지 않고 숨어 있었다.

왜적의 배가 강의 입구까지 오도록 아무 반응이 없자 왜적들은 빈 나루로 생각했는지 정암진으로 점점 더 가까이 다가왔다. 그러나 왜적이 정암진이라 생각하고 깃발을 따라간 곳은 사실 정암진 옆의 갈대밭이었다.

"지금이다!"

곽재우의 명을 받은 병사가 뿔피리를 길게 불었다.

"부우웅!"

한밤에 뿔피리 소리가 정암진에 울려 퍼지자, 뿔피리 소리에 맞춰 사방에서 북이 울렸다.

"둥둥둥! 둥둥둥!"

기강 주변 산속에 숨어 있던 병사들이 뿔피리 소리를 듣고 일제히 횃불에 불을 붙였다. 산속에 불이 하나씩 켜지니 세상이 온통 환해졌다.

"부우웅!"

"와와! 와와!"

다시 뿔피리 소리가 울리자, 산속에서 병사들이 고함을 치기 시작했다. 기강을 둘러싼 산마다 횃불이 움직이고 고함이 울려 퍼지니, 1,000여 명의 의병이 산에 가득한 것처럼 보였다. 기강의 물에 비친 횃불이 1,000개의 촛불처럼 타올랐다.

"부우웅!"

뿔피리 소리가 한 번 더 울리자, 병사들의 고함이 뚝 그치고 산

속에 켜졌던 횃불도 한꺼번에 꺼졌다. 세상이 갑자기 어두워지고 고요해졌다. 기강의 물도 어둠 속에 숨었다.

"왜적이 정암진으로 들어오지 못하고 지켜보고 있답니다."

"횃불을 보고 우리의 수가 많은 것으로 알고 당황했을 것이다. 뿔피리를 불어라."

곽재우의 명이 떨어지자 뿔피리 소리가 울렸다.

"부우웅!"

"와와! 와와!"

뿔피리 소리가 울리자 기강 주변의 산마다 횃불이 다시 켜지고, 병사들의 고함이 울려 퍼졌다.

"왜적의 배가 움직입니다."

왜적의 배가 정암진 옆의 갈대밭을 향해 천천히 움직였다.

곽재우가 오른손을 들어 보이니, 사방에서 다시 뿔피리 소리가 울려 퍼졌다.

"부우웅!"

뿔피리 소리가 울리자 기강 주변의 횃불이 한꺼번에 꺼지고 병사들의 고함이 뚝 그쳤다.

"배가 가까워지고 있습니다."

심대승이 말했다.

"기다려라."

곽재우는 왜적의 배가 더 다가오기를 기다리고, 의병들은 모두 곽재우의 명을 기다렸다.

대열을 짓고 정암진 옆의 갈대밭을 향해 가던 왜적의 배들이 갑자기 흐트러졌다. 앞서가던 배는 나아가지 못하고 멈추어 있고, 뒤따르던 배들은 방향을 바꾸려 뱃머리를 돌렸다. 왜적의 배들은 시원하게 앞으로 나아가지 못하고 무엇엔가 붙잡힌 듯 엉거주춤 움직이고 있었다.

"왜적의 배가 늪에 빠졌다. 지금이다!"

곽재우가 오른손을 번쩍 들었다.

"부우웅!"

곽재우의 신호를 확인한 병사가 뿔피리를 불었고, 소리가 울리자 기강 주변 산꼭대기에서 불화살이 쏟아졌다. 깜깜한 하늘에서 불비가 내리듯 불화살이 기강에 내리꽂혔다.

늪에 갇혀 움직이지 못하는 데다 위에서는 불화살까지 쏟아지니 왜적들은 당황했다. 불화살을 맞은 18척의 배는 뱃머리를 돌리려다 서로 부딪쳤다. 왜적들은 조총을 쏘아 댔지만 깜깜한 기강의 어디쯤에 의병들이 있는지 방향조차 찾지 못했다. 한참을 어둠과 불화살 속에서 허우적거리던 왜적들은 늪을 빠져나가 도망가기 바빴다.

"왜적들이 도망갑니다!"

"우리가 왜적을 물리쳤다!"

"와와! 와와!"

물러가는 왜적을 보면서 의병들이 소리쳤다.

곽재우의 의병은 50명이라는 적은 수의 군대로 2,000명의 왜적을 물리쳤다. 곽재우는 의병을 일으켜 전라도로 향하려던 왜적의 발길을 막았고, 정암진 전투에서의 승리로 끝내 전라도를 지켜 냈다.

곽재우

스스로 나라를 지키는 병사가 되다

곽재우는 임진왜란이 일어나자 가장 먼저 의령에서 의병을 일으켰으며, 여러 전투를 승리로 이끈 의병장이다. 붉은 옷을 입고 전쟁에 임했기 때문에 사람들은 곽재우를 홍의 장군이라 불렀다. 곽재우는 1552년 명종 임금 때에 태어나 1617년 광해군 시절에 숨을 거두었으며, 시호는 충성스럽게 도왔다는 뜻인 '충익(忠翼)'이다.

기자는 임진왜란을 직접 겪었고 《난중잡록》이라는 책을 써 임진왜란에

충익사
임진왜란 때 최초로 의병을 일으켜 나라를 지킨 곽재우 장군과 휘하 장병들의 위패를 모신 사당. 경상남도 의령군에 있다.

얽힌 이야기를 상세히 전한 조경남 의병장을 만나 곽재우 장군에 대한 이야기를 들을 수 있었다.

곽재우 의병장은 언제 의병을 일으켰으며, 어떤 의미가 있나요?

1592년 4월 13일에 전쟁이 일어나고, 곽재우 장군은 열흘쯤 지난 4월 24일에 왜적에 맞서 나라를 지키기 위해 의병을 일으켰지요. 의병이란 나라가 위급할 때 임금의 명령을 기다리지 않고 스스로 일어나 적과 맞서 싸운 병사들을 가리키는 말이에요. 나라에서 녹을 받고 백성을 지킬 의무를 지닌 관아의 수령과 관군마저 모두 달아나는 마당에, 벼슬도 하지 않은 유생이었던 곽재우 장군이 나라를 지키겠다며 스스로 일어나 의병을 이끌었던 거예요. 더구나 꽤 부자였던 곽재우 장군은 의병을 모집하기 위해 전 재산을 아낌없이 쏟았어요. 임진왜란 중에 전국 각지에서 나라를 지키기 위해 많은 의병이 일어났지만, 그중에서도 곽재우 장군이 가장 먼저 의병을 일으켰지요. 그래서 곽재우 장군을 임진왜란 중 최초의 의병장이라고 한답니다.

임진왜란 중에 곽재우 장군 이외에도 의병이 있었나요?

많았지요. 합천의 정인홍, 고령의 김면, 금산의 조헌, 광주의 고경명, 나주의 김천일 등 전국에서 수많은 의병이 일어났어요. 그뿐만 아니라 묘향산의 승려 휴정, 관동의 승려 유정, 호남의 승려 처영 등도 승려들로 구성된 승병을 일으켰지요. 위기에 처한 나라를 지키기 위해 정식 훈련을 받은 관군뿐만 아니라 스스로 일어난 의병과 승려들로 구성된 승병까지 모두 힘을 합쳤던 거예요.

임진왜란 중 정암진 전투는 어떤 의미가 있나요?

1592년 4월 13일 경상도로 쳐들어온 왜군은 5월 3일 한성을 함락할 때까지 거침없이 조선 땅을 짓밟았어요. 전쟁에 대해 잘 알지 못하고 준비도 부족했던 조선군은 왜군과의 싸움에서 번번이 패했지요. 그나마 1592년 5월 7일, 이순신 장군이 옥포 해전이라는 바다 전투에서 승리하기는 했지만, 전쟁이 일어난 4월 13일부터 5월 중순까지 옥포 해전 이외에는 조선군이 왜적에게 번번이 지고 있었어요. 그런데 1592년 5월 26일 정암진에서 곽재우 장군이 이끄는 소수의 의병이 수많은 왜적을 물리쳤던 것이지요. 정암진 전투는 조선의 의병이 왜군에 맞서 제대로 승리를 거둔 최초의 전투랍니다.

게다가 정암진 전투는 의령을 비롯한 경상도뿐만 아니라 왜적이 차지하려고 했던 전라도

곽재우 장군 흉상

를 지켜 낸 전투였어요. 전쟁에 필요한 식량을 구하기 위해 전라도로 진출하려던 왜군의 길목을 곽재우의 의병이 막아서면서 전라도의 식량을 빼앗기지 않을 수 있었던 것이지요.

기자는 인터뷰를 마치고 돌아오면서 나라를 지키기 위해 기꺼이 일어났던 의병들에 대해 생각해 보았다. 누가 시키지도 않았는데 목숨을 걸고 일어나 스스로 나라를 지킨 사람들이 바로 의병이었다. 곽재우 장군처럼 널리 알려진 의병장뿐만 아니라 임진왜란 중에 전국에서 일어나 나라를 지켰던 이름 모를 수많은 의병에게도 진심으로 감사했다.

이순신

바다로 들어온 적은 돌려보내지 않는다

흐름을 바꾼 승리

"준비는 되었는가?"

이순신이 쇳덩이같이 무거운 얼굴로 물었다.

"전라 좌수영에 소속된 다섯 고을 다섯 포구에서 판옥선 20여 척뿐만 아니라 고기잡이배와 해초 따는 배까지 모두 끌어모아 85척의 배가 도착해 있습니다."

방답 첨사가 대답했다. 500여 척의 함선을 끌고 오는 왜적에 맞서야 하는데, 이순신이 당장 모을 수 있는 배는 85척이었다. 그것도 전쟁에 쓰는 판옥선은 고작 24척뿐이었고, 고기잡이배나 해초를 따는 배까지 겨우 끌어모아서 85척이었다.

"배를 띄워라."

이순신의 명령이 떨어지자 병사들이 일제히 뿔피리를 불었다.

"부우웅! 부우웅!"

1592년 5월 4일, 아직 어둑어둑한 새벽녘에 여수 본영에 모여 있던 85척의 배가 일제히 항구를 떠났다.

전라 좌수사인 이순신이 이끄는 전라 좌수영 함대는 온종일 노를 저어 가서 저녁 무렵 소비포에 이르렀다. 소비포에는 경상 우수영에서 온 6척의 함선이 도착해 있었다. 이순신이 전라 좌수영에서 끌고 간 함선 85척과 경상 우수영에서 온 6척을 합하여 조선의 함대는 모두 91척이었다.

"옥포에 적의 함선이 있습니다. 적의 배는 사면에 화려한 무늬가 그려진 천을 둘렀고, 흰색 깃발과 붉은 깃발이 달린 긴 장대를 세워 뒀습니다. 배에서 내린 왜적들은 육지로 올라가 마을을 약탈하고 불사르고 있습니다."

"노를 저어라."

1592년 5월 7일, 가덕도를 향해 가던 중 옥포에 적이 있다는 보고를 받은 이순신은 옥포 바다를 향해 빠르게 노를 젓게 했다.

"옥포 선창에 왜적의 배가 30여 척 정도 정박해 있습니다."

망루에서 적의 함선을 살피던 수군이 보고했다. 배를 타고 바다에서 나라를 지키는 병사들을 수군이라 했다.

"마을이 불타고 있습니다!"

배의 갑판에 서 있던 수군이 옥포를 가리키며 소리쳤다. 불바다가 된 옥포 포구 위로 연기가 하늘을 덮고 있었다. 옥포에 배를 정박해 놓은 왜적들이 마을로 들어가 닥치는 대로 노략질하고 불태우는 중이었다.

"공격 준비하라!"

마을을 태우고 있는 불길보다 더 노여운 얼굴로 이순신이 명령을 내렸다.

"부우웅! 부우웅!"

뿔피리가 울리자 조선의 함대는 줄을 지어 옥포를 향해 노를 저

었다. 적을 공격할 수 있는 지점까지 빠르게 다가갔다.

"공격하라!"

적의 배에 포와 화살이 닿을 거리만큼 다다랐을 때 이순신은 공격을 명령했다. 조선의 함대에 타고 있던 수군들은 일제히 왜적의 배를 향해 대포와 불화살을 쏘아 댔다.

"마을을 불태우던 왜적들이 배에 오르고 있습니다."

"왜적의 배가 기슭으로 도망가고 있습니다."

왜적들은 갑작스레 조선의 함대가 나타난 것을 보고 당황해 어찌할 바를 몰랐다. 서로 배에 타겠다고 아우성치기도 하고, 탈출

하기 위해 정신없이 노를 젓는 왜적들도 보였다. 겨우 배에 오른 왜적들은 비 오듯 쏟아지는 조선 수군의 화살을 피할 길이 없어 쩔쩔맸다.

"저기 6척의 왜선이 달아나고 있습니다."

"쫓아라!"

이순신의 명령을 받은 조선 수군의 배가 달려가 도망가는 왜선 6척을 포위했다. 조선 수군이 대포와 불화살을 쏘니, 왜적들 또한 조총과 활을 쏘았다. 그러나 조선 수군이 쏘는 바람과 우레 같은 대포와 불화살을 왜적들은 당할 재간이 없었다.

"왜적들이 물건을 바다로 내던집니다."

"배를 가볍게 해서 도망가려는 것이다. 공격을 늦추지 마라."

이순신의 명령을 받은 조선의 함대는 한 치의 어그러짐도 없이 왜적을 포위하고 대포와 화살을 쏟아부었다.

"왜적의 배가 불타고 있습니다. 화살에 맞은 왜적의 수가 헤아릴 수 없을 정도로 많습니다."

"바다에 뛰어들어 헤엄치는 자도 몇 명인지 모르겠습니다."

"배를 버리고 몸만 살겠다는 것이구나."

"적들이 바위 언덕으로 기어오르고 있습니다."

"뭍으로 도망가지 못하게 막아라."

바다로 뛰어든 왜적들은 뭍으로 올라가 숲에 숨어들었다. 조선 수군이 포구에 배를 대고 쫓아 들어갔으나 산으로 숨어든 왜적까지는 모두 잡아내지 못했다.

"와! 이겼습니다."

"왜적의 함선 30여 척 가운데 26척이 불타고 있습니다."

기쁨에 찬 조선의 수군들이 함성을 질렀다. 왜적의 배에서 치솟는 불길과 연기가 옥포 앞바다를 뒤덮었다.

"우리는 어떠한가?"

"조선의 함선은 단 1척도 격파되지 않았습니다. 병사 중에 죽은 자도 없으며, 가벼운 상처를 입은 병사는 한 명입니다. 완전한 승리입니다."

상황을 보고하는 첨사의 목소리에는 기쁨이 넘쳤다.

1592년 4월 13일, 병사 16만 명을 이끌고 부산포를 쳐들어온 왜군은 지나는 마을마다 불을 지르며 거침없이 한성을 향해 올라갔다. 4월 28일, 신립이 탄금대 전투에서 배수진을 치며 맞섰지만 패배하면서 충주를 지키지 못했고, 4월 30일, 한성에 있던 선조 임금은 한성을 버리고 평양으로 피난을 떠났다. 5월 3일, 왜군은 한성마저 점령하고 말았다.

왜군이 조선을 짓밟는 한 달여 동안 조선군은 한 번도 왜군을 이기지 못했다. 그러다 1592년 5월 7일 옥포에서 이순신이 드디어 왜군에 맞서 첫 승리를 거두었다. 옥포 해전은 임진왜란 중 육지에서의 싸움과 바다에서의 싸움을 통틀어 처음으로 조선군이 승리한 싸움이었다.

거북선 돌격하라

"물에 떴습니다."

옥포 해전에서 승리한 후 다음 출전을 준비하고 있던 이순신에게 배를 만드는 수군이 달려와 기쁜 얼굴로 말했다.

"띄웠느냐?"

이순신이 환한 얼굴로 일어났다. 기다리던 소식을 들은 이순신은 단숨에 바닷가로 달려 나갔다.

"거북선입니다."

이순신을 기다리던 수십 명의 수군이 하나같이 기쁜 얼굴로 이순신을 맞았다. 수군들의 뒤에는 용의 머리를 단 거북이 모양의 배가 늠름하게 바다에 떠 있었다.

"장군께서 말씀하신 대로 뱃머리를 용의 머리 형태로 만들고 용의 입에 대포를 달아 배 안에서 포를 쏠 수 있게 했습니다."

첨사의 설명을 들은 이순신이 거북선의 앞머리를 보았다. 당장이라도 하늘로 날아오를 기세로 용의 머리가 얹혀 있었다.

"시키신 대로 옻칠한 판자를 둥글게 갑판 위에 덮고, 왜적이 배에 오르지 못하도록 판자 위에 칼과 쇠못, 송곳을 촘촘히 박았습니다."

첨사가 거북이 모양으로 등이 덮여 있는 배를 가리키며 설명했다. 보통의 배들이 사람이 탈 수 있도록 배 위가 평평한 갑판으로 만들어진 것과 달리 거북선은 거북이 등처럼 둥글고 볼록하게 지붕이 덮여 있었다. 거북선의 등에 빼곡히 박힌 칼과 쇠못, 송곳은 마치 고슴도치 가시처럼 보였다.

"거북선의 용머리, 꼬리, 그리고 양옆으로 6개씩 모두 14개의 구멍을 뚫어서 배 안에서 적을 향해 포를 쏠 수 있게 만들었습니다. 장군께서 말씀하신 대로 적이 사방에서 에워싸도 앞뒤와 양옆으로 한꺼번에 포를 쏠 수 있고, 배의 밖에서는 안이 보이지 않지만 배 안에서는 밖을 볼 수 있습니다."

이순신이 흡족한 표정으로 고개를 끄덕였다.

이순신이 오랜 시간 고민했던 거북선이 드디어 완성되었다.

"장군, 왜적의 배들이 사천과 곤양까지 침입하였답니다. 경상 우수사는 노량으로 후퇴하였답니다."

그때 경상 우수사 원균으로부터 도움을 요청하는 다급한 연락이 도착했다.

"전라 우수영의 군대는 며칠에 오기로 했느냐?"

"6월 3일에 도착할 예정입니다."

"……."

이순신이 말없이 미간을 찌푸렸다. 전라 우수영의 군대가 도착하기를 기다리기에는 경상 우수사의 상황이 다급했고, 이순신 혼자서 출전하기에는 병력이 모자랐다. 이순신이 동원할 수 있는 판옥선은 23척뿐이었다. 이순신은 한참 동안 생각에 잠겼다.

"배를 띄워라."

1592년 5월 29일, 전라 우수군을 기다릴 여유가 없다고 판단한 이순신은 단독으로 전라 좌수군만을 이끌고 경상도로 향하기로 했다. 이순신은 고작 배 23척을 이끌고 어디서 적이 나타날지 모르는 위험한 바다에 배를 띄웠다.

이순신이 이끄는 전라 좌수군이 부지런히 노를 저어 노량 해상에 도착할 무렵이었다.

"저기 경상 우수군의 배가 보입니다."

경상 우수사 원균이 3척의 판옥선을 거느리고 기다리고 있었다. 23척의 판옥선만을 가지고 있던 이순신에게는 3척의 배를 끌고 나타난 원균의 군대가 큰 힘이 되었다.

"고생하셨습니다."

원균을 만난 이순신이 적에게 패해 후퇴한 경상 우수군을 위로했다.

"적의 배 1척이 곤양을 나와 사천 쪽으로 향하고 있습니다."

이순신과 원균이 적의 형세에 관해 이야기를 나누고 있을 때 다급한 보고가 이르렀다.

"쫓아라!"

이순신과 원균은 노 젓는 병사들을 독려하여 최대한 빠르게 노를 젓게 했다.

"사천 뒷산에 왜적 400여 명이 진을 치고 있습니다. 산봉우리에는 대장의 장막이 보이고, 언덕 아래에는 다락 같은 집을 배 위에 올려 앉힌 왜적의 배 12척이 정박하고 있습니다."

조선 수군이 사천 앞바다에 이르자 망루에서 적을 감시하던 수군이 보고했다.

"일제히 앞으로 나아가 적의 배를 공격합시다."

원균이 이순신을 보며 말했다. 화살과 포가 닿을 수 있는 거리까지 가까이 배를 몰고 다가가 적과 싸우자는 말이었다.

"안 됩니다. 지금은 썰물 시간이라 물이 얕습니다. 우리 배처럼 큰 배는 물이 부족해서 바닥에 닿게 됩니다."

물때를 지켜보고 있던 첨사가 막아섰다. 첨사의 말을 들은 원균과 이순신이 빠지고 있는 바닷물을 바라보았다. 바닷물은 밀물과 썰물이라는 물때가 있는데, 밀물일 때는 물이 들어차서 깊이가 깊고 썰물일 때는 물이 쓸려 나가서 물의 깊이가 얕았다.

"어찌합니까?"

원균이 이순신을 바라보았다. 조선의 판옥선은 왜군의 배보다 커서 물이 얕은 곳은 들어갈 수가 없음을 원균과 이순신도 잘 알고 있었다. 원균은 초조한 얼굴로 이순신을 바라보았고, 이순신은 말없이 사천 앞바다에 늘어선 적의 배를 보고 있었다.

"적들은 교만합니다. 우리가 만약 거짓으로 도망가는 척하면 적은 반드시 우리와 맞붙으러 쫓아 나올 것입니다. 우리가 사천 앞바다로 들어갈 수 없다면, 적들을 바다 복판으로 끌어내야 합니다."

말을 마친 이순신은 뿔피리를 불게 하였다.

이순신의 명령이 떨어지자 조선의 배들은 차례차례 뱃머리를 돌렸다. 바람의 방향에 맞춰 돛을 올리고 고양이를 만나 놀란 쥐처럼 서둘러 배를 몰았다.

"왜적들이 쫓아 나옵니다."

사천 앞바다로 당장이라도 쳐들어올 것처럼 늘어서 있던 조선 수군의 배들이 하나둘 꽁무니를 빼고 달아나는 것처럼 보이자, 왜적들이 배를 타고 쫓아 나오며 조총을 쏘아 댔다.

"지금이다. 거북선을 돌격선으로 내보내라!"

이순신이 명령을 내리자 병사 하나가 불을 뿜는 흰 호랑이가 그려진 깃발을 크게 흔들었다. 깃발의 신호가 떨어지자 조선 수군 대열의 꽁무니에 있던 거북선이 갑자기 방향을 바꾸더니 왜적의 배를 향해 돌진했다. 용의 머리에 몸통은 거북이 모양을 한 배가 거침없이 달려오니 왜적들은 순간 당황했다. 왜적들은 거북선을 향해 포를 쏘고 활을 쏘았다. 그러나 거북이 등짝처럼 지붕이 덮여 있는 거북선에는 왜적의 화살이 박히지 않았다.

"왜적들이 거북선 위에 올라타려다 미끄러져 물에 빠지고 있습니다."

이순신의 옆에 있던 첨사가 소리쳤다. 왜적들이 긴 칼을 들고 거북선에 올라타기 위해 뛰어들었지만, 칼과 쇠못과 송곳이 박혀 있는 둥근 갑판에 올라탈 수가 없었다. 겁 없이 거북선으로 뛰어든 왜적들은 쇠못에 발이 찔렸고, 송곳을 피하려던 왜적들은 미끄러져 바다에 빠졌다.

"적선들이 거북선을 에워싸고 있습니다!"

왜적의 배들이 거북선을 에워싸고 있었다. 왜적의 배는 큰 배, 중간 크기의 배, 작은 배 세 종류가 있었는데, 가장 큰 배는 거북선보다 꽤 컸다. 적의 큰 배에 둘러싸인 거북선은 커다란 상어 떼에 갇힌 거북이처럼 작아 보였다.

"포를 쏴라!"

이순신이 명령을 내리자 옆에 있던 수군이 또다시 깃발을 흔들었다. 깃발이 흔들리자 거북선 앞의 용머리와 뒤의 꼬리, 그리고 양옆에 6개씩 뚫린 14개의 구멍이 한꺼번에 열리더니 철로 만든 탄환이 빗발치듯 뿜어져 나왔다.

거북선의 사방을 에워싸고 있던 왜적의 배들은 앞뒤와 양옆으로 사방에서 쏘아 대는 거북선의 탄환을 피할 길이 없었다. 포탄에 맞은 왜적들의 배는 부서지고 불이 붙었다. 화살을 쏴도 조총을 쏴도 끄떡없는 거북선을 보며 불타는 배 위에 있는 왜적들은 발만 동동 굴렀다.

"적이 물러가고 있습니다."

거북선을 포위했던 왜적들은 서둘러 뱃머리를 돌려 사천으로 도망가기 바빴다.

"쫓아가 왜적의 배를 모조리 불살라라."

조선의 수군이 사천 앞바다까지 쫓아가 왜적의 배를 불사르자 왜적들은 배를 버리고 맨몸으로 바다에 뛰어들었다. 바다에 뛰어든 왜적들은 헤엄쳐서 사천으로 도망가서는 산에 들어가 숨었다. 조선의 수군이 버려진 왜적의 배를 모조리 불사르는 동안에도 왜적들은 높은 언덕에 숨어 있을 뿐 감히 나와 싸울 생각도 하지 못했다.

"와! 이겼습니다."

조선 수군은 사천 해전에서 완전한 승리를 거두었다. 사천 해전은 이순신이 거북선을 돌격선으로 이용해 승리한 첫 번째 해전이었다.

학의 날개와 같이

"전라 우수군이 도착했습니다."

1592년 6월 4일, 이순신이 당포 앞바다에서 왜적의 배를 수색하던 때에 전라 우수사 이억기가 이끄는 수군이 도착했다. 이억기를 본 이순신은 천군만마를 얻은 듯 힘이 났다. 이로써 조선 수군의 배는 이순신이 이끄는 판옥선 23척, 원균이 거느린 판옥선 3척에 이억기가 이끄는 판옥선 25척이 합해져 모두 51척이 되었다. 이순신 홀로 판옥선 23척을 이끌고 경상도로 향했던 때보다 전투력이 2배가 넘게 향상되었다. 이순신이 이끄는 조선 수군은 사천 해전에 이어 당포와 당항포 해전에서도 대승을 거두었다.

"전라도 도순찰사의 편지가 도착했습니다."

1592년 6월 10일, 이순신이 조선 수군을 이끌고 여수 본영으로 돌아오자마자 도순찰사 이광의 편지가 도착했다. 이광이 보낸 편지에는 경상 우수사, 전라 우수사와 힘을 합해 적선을 무찌르라는 임금의 명령이 내려왔다는 내용이 적혀 있었다. 이순신은 경상 우수사 원균과 전라 우수사 이억기를 불러 다시 전투 회의를 시작하였다.

"한 치의 소홀함도 없게 하라."

"예, 장군."

1592년 7월 7일, 당포에 도착한 이순신은 언제 어디서 나타날지 모르는 왜적과 맞서기 위해 조선의 수군을 다독였다. 몇 번의 전투를 승리로 이끌던 이순신의 지휘력을 경험한 조선 수군들은 이순신의 한 마디 한 마디를 천금같이 무겁게 받아들였다.

"아직 조용합니다. 탐망선을 내보냈으니 왜적의 배가 나타나기만 하면 바로 연락이 올 것입니다."

방답 첨사가 이순신에게 아뢰었다. 주변 바다에 왜적의 배가 있는지 살피러 다니는 배를 탐망선이라 했다. 탐망선은 수군이 전투할 때 타는 판옥선보다 훨씬 작고 빠른 배였다.

"장군, 목동 김천손이라는 자가 왜적의 배를 보았다 합니다."

"데리고 오라."

얼마 지나지 않아 작은 키에 단단해 보이는 청년이 이순신이 타고 있는 배의 선실로 들어왔다.

"왜적의 배를 어디서 보았느냐?"

이순신은 김천손을 보자마자 대뜸 물었다.

"왜적이 온다는 소문을 듣고 피난을 가려고 산에 오르는데 멀리 견내량 근처에 무리 지어 떠 있는 배들이 보였습니다."

김천손이 카랑카랑한 목소리로 대답했다.

"왜적의 배가 몇 척이나 되더냐?"

이순신이 반가운 얼굴로 되물었다.

"큰 배도 있고 중간 크기의 배, 작은 배도 있었는데, 모두 합하면 대략 70척 정도 되었습니다."

머릿속으로 배를 헤아리는 듯 잠시 생각하던 김천손이 자신 있게 대답했다.

"고맙구나."

이순신은 왜적의 위치와 왜적이 타고 있는 배의 숫자까지 알려 준 김천손에게 아주 고마워했다. 적의 위치, 적이 타고 있는 배의 숫자는 전투 작전을 짜는 데 매우 중요한 정보였기 때문이었다.

"견내량은 매우 좁고 암초가 많아 배들이 서로 부딪칠 수 있습니다."

"견내량에서 싸우는 것은 불리합니다."

"육지와 가까운 바다에서 싸우는 것은 좋지 않습니다. 왜적들은 바다에서 싸우다가 조금만 불리해지면 육지로 달아나 산속으로 숨어 버릴 것입니다."

이순신과 원균, 이억기는 싸움에서 이길 방법을 찾기 위해 밤을 새워 회의했지만, 견내량은 싸우기에 지형이 적합하지 않은 탓에 뾰족한 방법을 찾을 수 없었다. 지형이 좁고 암초가 많은 견내량으로 곧장 달려가 싸우는 것은 왜적의 배보다 훨씬 큰 판옥선을 타고 있는 조선 수군에게 불리했다.

"왜적을 한산도 앞바다까지 끌어내야 합니다."

날이 밝아 올 무렵, 이순신이 단호하게 말했다.

"한산도 앞바다는 견내량보다 물이 넓고 깊어 싸우기 편합니다. 설사 왜적들이 한산도로 달아난다 해도, 바다 가운데 떠 있는 한산도에는 먹을 것이 없어 굶어 죽게 될 것입니다."

이순신의 말을 들은 원균과 이억기가 고개를 끄덕였다.

1592년 7월 8일, 이순신은 조선 수군을 전부 이끌고 당포에서 출발하여 견내량으로 향했다.

"망을 보던 왜적의 배가 우리를 발견하고 견내량으로 돌아가고 있습니다. 조선 수군이 나타났다고 보고하러 가는 것입니다."

"적의 배를 따르라!"

이순신의 명령이 떨어지자 조선 수군의 앞쪽에 떠 있던 돌격선 6척이 빠르게 노를 저어 견내량으로 달렸다. 조선 수군의 돌격선에는 화살을 장착한 활과 창을 든 수군들이 갑판에 줄지어 서 있었다. 당장이라도 견내량에서 결전을 벌일 기세였다.

"적들이 돛을 올립니다."

빠르게 돌진해 오는 6척의 돌격선을 발견한 왜적들이 일제히 배에 돛을 올리고 달려 나왔다. 왜적들도 조선 수군에 맞서 싸울 기세였다.

"부우웅! 부우웅!"

이순신이 탄 배에서 뿔피리 소리가 울렸다. 뿔피리 소리가 울리자 견내량을 향해 돌진하던 조선 수군의 돌격선들이 갑자기 방향을 틀어 물러났다. 조선 수군은 돛을 올리고 왜적이 무서워 달아나는 것마냥 줄행랑치는 모양새를 지었다. 왜적은 급히 달아나는 조선 수군의 배를 잡기 위해 더 빠르게 뒤쫓아 달려 나왔다.

"우리 돌격선이 돌아오고 있습니다! 그 뒤로 적들의 배가 쫓아오고 있습니다!"

망루에서 멀리 내다보고 있던 수군이 외쳤다.

"배를 물려라!"

이순신의 명령이 떨어지자 조선 수군은 뱃머리를 돌려 달아나기 시작했다. 마치 돌격선을 쫓아오는 왜적을 보고 꽁무니를 빼는 것처럼 큰 배, 작은 배 할 것 없이 조선 수군의 배들은 모조리 달아나기 바빠 보였다. 조선 수군이 달아나는 것을 확인한 왜적들은 견내량에 남겨 두었던 배까지 모두 돛을 올리고 쫓아왔다.

"왜적의 배가 우리 배를 거의 따라잡았습니다!"

망을 보던 수군이 다급하게 소리쳤지만, 이순신은 쫓아오는 배들을 보고만 있었다.

"계속 배를 물려라!"

수군들은 당황했다. 돌격선이 견내량으로 들어가 공격하는 척하다가 겁먹은 척 달아나서 왜적을 유인해 오면, 깊은 바다에서 기다리고 있던 나머지 조선 수군이 돌격선을 도와 왜적과 싸우기로 한 것이 작전이었다.

그런데 지금 돌격선이 왜적에게 쫓기고 있는데도 이순신은 돌격선을 도우려 배를 움직이기는커녕 기다리고 있던 배들까지 뱃머리를 돌리고 도망가라 한 것이었다.

"장군, 돌격선이 위험합니다. 나서서 도와야 합니다."

방답 첨사가 다급하게 이순신에게 보고했지만, 이순신은 입술을 꾹 다물고 선 채로 쫓겨 오는 돌격선을 보고만 있었다.

"장군, 왜적의 배와 돌격선이 거의 닿았습니다. 이러다 왜적이 돌격선에 오르기라도 하면 우리 수군이 위험합니다."

방답 첨사가 몇 번을 아뢰어도 이순신은 쫓기는 돌격선과 쫓아오는 왜적의 배를 노려보고만 있었다.

"장군!"

이순신의 얼굴과 쫓기는 돌격선을 번갈아 보던 방답 첨사의 애가 타들어 갔다.

"지금이다, 뱃머리를 돌려라!"

반대 방향으로 서서 바다를 노려보던 이순신이 갑자기 눈을 크게 뜨면서 소리쳤다. 견내량의 왜적을 유인해 온 돌격선이 한산도 앞바다에 막 도착하던 순간이었다.

"뱃머리를 돌려라!"

방답 첨사가 더 크게 소리쳤다.

"부우웅! 부우웅!"

뿔피리 소리가 울리자 꽁무니를 빼고 도망가던 조선 수군이 일제히 뱃머리를 돌렸다.

"학의 날개를 펴라!"

이순신이 뱃머리에 서서 소리쳤다.

"학의 날개를 펴라!"

방답 첨사가 다시 외쳤다.

"부우웅! 부우웅!"

"둥둥둥! 둥둥둥!"

뿔피리 소리와 북소리가 울리자 조선 수군의 배들은 일사불란하게 움직여 학익진을 펼쳤다. 학이 두 날개를 활짝 펼친 듯 배를 반원 모양으로 늘어서게 하여 적을 포위하는 진법이 학익진이었다. 동이 트기도 전에 이순신의 지휘에 따라 조선군이 몇 번이나 연습한 진법이었다.

조선 수군의 배 50여 척이 가로로 늘어서니 바다 가운데 배로 만든 긴 다리가 생긴 것 같았다.

"쫓아오던 왜적들이 주춤합니다."

망을 보던 수군이 소리쳤다. 조선 수군이 달아나는 것으로 알고 쫓아오던 왜적들은 갑자기 나타난 학익진에 당황했다. 그사이 조선 수군의 거북선들이 학익진의 양쪽 날개 끝에 자리를 잡았다.

"진격하라! 포를 쏴라!"

이순신이 허리에 차고 있던 긴 칼을 뽑아 들고 소리쳤고, 병사들이 뿔피리를 불었다. 학익진의 양쪽 날개 끝에 자리 잡고 있던 거북선들이 신호를 확인하고는 쏜살같이 달려 나갔다. 거북선은 주저 없이 달려가 왜적의 배들 한가운데로 들어가더니 사방으로 포를 쐈다. 왜적들이 우왕좌왕하는 사이에 가로로 길게 늘어서서 학익진의 형태를 갖추고 있던 조선의 배들이 포를 쏘아 대며 한꺼번에 공격했다. 바다에서 학익진이라는 전법을 처음 접하는 왜적들은 어찌할 바를 모르고 무너졌다.

조선 함대에서 우레처럼 바람처럼 쏘아 대는 화살과 탄환에 왜적의 배 2척이 불타기 시작했다. 솟아오르는 불길을 따라 조선 수군의 사기는 올라갔고, 왜군의 사기는 꺾였다. 선두에 있던 배가 불타는 것을 본 왜적들은 싸워 볼 엄두도 내지 못하고 뱃머리를 돌려 달아나기 바빴다.

"적이 달아납니다."

"끝까지 쫓아라! 조선 수군이 지키는 한 왜적은 이 바다를 지나갈 수 없다."

왜적들은 견내량으로 돌아가기 위해 온 힘을 다해 노를 저었고,

조선 수군은 왜적의 배를 불태우며 쫓아갔다. 이날 이순신이 이끄는 조선 수군은 한산도 앞바다에서 왜적의 배 73척 가운데 59척을 격파하는 큰 승리를 거두었다.

이순신이 학익진으로 왜적을 크게 물리친 한산도 앞바다에서의 싸움을 사람들은 한산도 대첩이라 불렀다.

이순신

바다를 지켰던 조선 최고의 장군

이순신은 임진왜란 때 조선의 수군을 이끌고 왜적에 맞서는 해전마다 연이어 승리를 거둔 조선 최고의 장군이다. 이순신은 1545년 인종 임금 때에 태어나 1598년 선조 임금 때에 숨을 거두었으며, 시호는 충성스럽고 용맹하다는 뜻인 '충무(忠武)'이다.

기자는 임진왜란 당시 재상으로 선조 임금을 수행했으며 임진왜란의 상황을 자세히 기록한 《징비록》을 지은 류성룡을 만나러 갔다. 1591년 왜군이 전쟁을 일으킬지도 모른다는 불안함 속에 선조 임금이 뛰어난 장수를 추천하라고 했을 때, 이순신을 추천한 사람이 바로 류성룡이었다.

임진왜란은 얼마 동안 치러진 전쟁인가요?

임진왜란은 1592년에 발발해서 1598년까지 7년간 이어졌어요. 임진년인 1592년부터 1593년까지 전쟁이 계속되다가 1593년부터 1596년까지는 잠시 싸움을 멈추었는데, 1597년에 왜국이 다시 침입해서 1598년에 비로소 전쟁이 끝났어요. 1597년에 일어난 전쟁을 정유년에 다시 일어난 전쟁이라고 해서 정유재란이라고 해요. 이순신 장군은 정유재란 때에도 명량 대첩, 노량 대첩을 승리로 이끌며 활약했어요. 이순신 장군이 전사한 노량 대첩을 마지막으로 정유재란이 끝났지만, 조선은 7년간의 긴 전쟁으로 국토가 황폐해졌지요. 처음 전쟁이 일어난 1592년부터 정유재란을 포함한 전쟁이 완전히 끝난 1598년까지, 7년 동안의 전쟁을 통틀어 임진왜란이라고 한답니다.

이순신 장군은 어떤 전투에서 승리했나요?

이순신 장군은 7년간의 전쟁 동안 수많은 바다 싸움에서 한 번도 지지 않고 모두 이겼어요. 대표적인 해전만 설명하면 다음과 같아요. 이순신 장군은 임진년인 1592년 5월 7일 옥포 해전에서 큰 승리를 거두었고, 5월 29일 사천 해전에서 거북선으로 왜선 13척을 모두 부수었으며, 7월 8일에는 견내량에 있는 왜적을 한산도로 끌어내 한산도 대첩에서 크게 이겼어요. 또 정유재란이 일어난 1597년 9월에는 진도 울돌목에서 일어난 명량 대첩에서 12척의 배로 130척의 왜군에 맞서 대승을 거두었고, 1598년 11월에는 노량에서 일어난 노량 대첩에서 왜적의 함선 200여 척을 불태우며 큰 승리를 거두었지요. 전쟁 중에 크게 이긴 싸움을 대첩이라고 하는데, 이순신 장군의 3대 대첩으로는 한산도 대첩, 명량 대첩, 노량 대첩을 꼽아요.

이순신 장군이 얼마나 바다를 잘 지켰는지는 바다를 건너온 왜적들이 바다 싸움을 포기했다는 사실에서도 알 수 있어요. 왜군은 육지와 바다 두 곳에서 조선을 공략하려 했는데, 이순신 장군 때문에 바다 싸움을 포기하고 육지 싸움에 전념했다고 해요. 이렇듯 이순신 장군은 임진왜란 때 왜적들이 가장 두려워한 장군이었답니다.

이순신 장군은 왜 거북선을 만들었을까요?

거북선은 이순신 장군이 왜적과의 전투를 준비하면서 했던 모든 고민에 대한 답이었어요. 거북선은 거북이 등처럼 덮인 지붕에 칼과 쇠못과 송곳이 박혀 있었는데, 이유가 있었답니다. 조선 수군이 전투에서 사용하는 배는 조선 시대의 대표적인 전투선인 판옥선이었고, 판옥선에는 천자총통, 지자총통 등 대형 화약 무기가 장착되어 있었어요. 총통은 각도를 조정해서 목표물을 한참 동안 조준한 뒤에 쏘아야 하는데, 멀리 있는 배가 움직이면 쏘아 맞히기가 쉽지 않았어요. 그렇다고 총통을 조준하기 위해 판옥선을 적의 배에 가까이 대기도 위험했지요. 왜적들은 판옥선이 가까이 가면 대번에 긴 칼을 들고 판옥선으로 넘어와서 몸을 맞대고 싸우는 백병전에 강했거든요. 판옥선에 실린 총통으로 적의 배를 맞히기 위해서는 가까이 가야 하는데, 그랬다가는 왜적들이 판옥선으로 넘어올 테니 이순신 장군은 고민했지요.

그래서 만들어 낸 배가 거북선이에요. 거북선은 판옥선보다 작고 빨랐고, 14개의 구멍에 총통이 설치되어 있었어요. 거북선은 날쌔게 달려 적의 배에 가까이 가서 총통을 쏘아 명중시킬 수 있었어요. 그러면서도 등에 칼과 쇠못과 송곳이 꽂혀 있어 왜적들이 함부로 넘어올 수 없었지요.

한산도 대첩이 임진왜란 3대 대첩 중 하나라던데요?

맞아요. 임진왜란 때 왜적을 크게 물리친 3개의 싸움을 임진왜란 3대 대첩이라고 하는데, 이순신 장군이 한산도 앞바다에서 왜적을 물리친 한산도 대첩, 김시민 장군과 의병들이 진주성에서 왜적을 물리친 진주 대첩, 권율 장군이 행주산성에서 왜적을 물리친 행주 대첩을 말한답니다.

기자는 인터뷰를 마치고 돌아서며 어깨가 으쓱해지고 마음 가득 뿌듯함이 느껴졌다. 이순신 장군이 거북선을 앞세워 바다에서 왜적을 무찌르는 장면을 상상하면 통쾌하기도 했다. 이순신 장군이 바다를 굳건히 지켜 냈기 때문에 임진왜란에서 나라를 구할 수 있었음을 떠올리며 새삼 감사한 마음이 들었다.

현충사
임진왜란 때 조선 수군을 이끌며 큰 공을 세운 이순신 장군을 기리기 위해 세운 사당으로, 이순신 장군의 초상화가 모셔져 있다. 충청남도 아산시에 있다.

김시민

진주성으로는 한 발도 들일 수 없다

반드시 지켜 내고야 말 것이다

"왜적의 선봉대가 진주성의 동쪽 마현에 나타났다가 돌아갔습니다."

1592년 10월 5일, 진주성 주변을 살피러 나갔던 척후병이 돌아와 진주 목사 김시민에게 보고했다.

"선봉대 수는 몇 명이나 되더냐?"

"말을 탄 병사들 1,000여 명이었습니다."

척후병의 보고를 듣던 김시민의 얼굴이 어두워졌다. 지난 9월 24일에 왜적이 진주성을 향해 오고 있다는 연락을 받은 지 고작 열흘 만이었다.

"왜적의 선봉대가 마현에 나타났다면, 왜적의 총공격이 머지않았다는 말입니다."

군관이 심각한 얼굴로 김시민을 바라보았다. 선봉대가 나타났다는 것은 뒤에 훨씬 많은 왜적의 군대가 따르고 있다는 것을 뜻했다.

"진주로 오고 있는 왜적의 수가 대략 얼마라 했느냐?"

"2만 명이라 했습니다."

"진주성에 있는 우리 병사들의 수는 얼마나 되느냐?"

"3,800명 정도 됩니다."

군관이 난감한 얼굴로 말했다.

"공격해 오는 왜적은 2만 명인데, 우리 병사는 3,800명이라······."

공격해 오는 왜적의 수에 비해 진주성을 지킬 병사들의 수는 턱없이 부족했다. 김시민의 이마에 깊은 주름이 잡혔다.

군관은 척후병이 물러가고 몇 시간이 지나도록 깊은 생각에 잠긴 김시민의 옆에서 조용히 기다렸다.

"수성전이다."

한참을 고민하던 김시민이 낮고 무겁게 말했다.

"수성전이라면, 성을 지키는 전술 말입니까?"

"그렇다. 진주성은 남쪽으로 험준한 절벽 아래 남강이 흐르고 있고, 서쪽으로는 절벽에 의지하여 청산이 둘러져 있다. 북쪽에는

3개의 연못이 있고, 성과 연못 사이에는 깊은 구덩이가 있어 남강으로 연결되어 있다. 진주성은 남쪽으로도 서쪽으로도 북쪽으로도 왜적이 들어올 수 없는 구조다. 오로지 동쪽 성문만 지킬 수 있다면 성을 지킬 수 있을 것이다."

김시민의 말을 듣고 있던 군관이 고개를 끄덕였다.

1592년 4월 13일, 조선을 쳐들어온 왜적은 지나는 마을마다 불을 지르며 거침없이 조선 땅을 짓밟았다. 4월 28일에 신립이 탄금대 전투에서 패배하면서 조령의 방어선이 무너졌고, 선조 임금은 4월 30일에 한성을 버리고 평양으로 피난을 떠났다. 왜군은 조선을 침략한 지 20일 만인 5월 3일에 왕이 떠나 비어 있던 한성을 함락했다. 이때까지 조선에서 벌어진 조선군과 왜군의 육지 전투는 번번이 왜군의 승리였다.

그러나 이순신이 옥포 해전, 사천 해전, 한산도 해전에서 연이어 승리를 거두자 왜군은 바다에서 힘을 쓸 수가 없게 되었다. 평소 조선의 수군을 무시했던 왜군은 이순신을 두려워하게 되었고, 이순신이 지키는 바다에서는 싸우려 하지 않았다. 왜적들은 바다 싸움을 포기하고 육지를 통해 전라도를 공격하기로 작전을 바꾸었는데, 이 또한 곽재우 등 곳곳에서 일어난 의병들에 의해 저지

되었다. 왜적들은 결국 경상도에서 전라도로 넘어가는 중간 위치에 있는 진주성을 넘어 전라도로 가기로 계획을 바꾸고, 진주성을 총공격해 오고 있었다.

"전라 의병장 최경회와 경상 의병장 곽재우에게 기별을 보내 지원을 요청하라."

왜적이 진주성으로 총공격해 올 것을 알게 된 김시민은 가까운 곳에 있는 의병장들에게 기별을 넣어 도움을 청했다.

"염초는 얼마나 준비되었느냐?"

김시민이 다시 물었다. 염초는 화약을 만들 때 쓰는 재료였다.

"500여 근 정도 준비되었습니다."

"총통은 어떠한가?"

"총통은 현재 70여 자루 더 만들었습니다."

김시민은 왜적이 진주성을 공격할 것이라는 연락을 받고 나서 병사들에게 염초와 총통, 화살 등의 무기를 많이 만들도록 지시했다. 왜군이 조총을 만드는 방법을 몰래 알아 와서 비슷하게 총통을 만들고, 성을 지키는 병사들에게 총 쏘는 법을 미리 훈련했던 것이다.

"성의 가장 높은 곳에 용이 그려진 깃발을 걸고, 막사를 최대한 많이 설치하며, 성안에 있는 노인들과 아이들 그리고 여자들까지 모두 병사의 옷을 입혀 위장시켜라."

진주성 안에는 병사들 이외에 노인과 여자, 아이들이 있었다. 노인과 여자, 그리고 아이들은 평소 군사 훈련을 받지 않았기 때문에 전투를 할 수 없었지만, 김시민은 그들에게 모두 병사의 옷을 입히라고 명령했다. 비록 실제로 전투를 하지는 못하더라도 왜적들이 보기에 진주성에 병사들이 많이 있는 것처럼 보이는 것이 중요했기 때문이었다. 성안에 병사들이 쉴 수 있는 막사를 최대한 많이 설치하게 한 것도 병사들이 많아 보이게 하기 위함이었다.

1592년 10월 6일 이른 아침이었다.

"왜적이 나타났습니다."

보초를 서던 병사의 다급한 보고를 받은 김시민이 동문 위에 있는 누각으로 달려갔다.

동북쪽 멀리 있는 순천당산 위에 각양각색의 깃발을 펄럭이며 왜적들이 진을 치고 진주성을 내려다보고 있었다. 어떤 왜적은 긴 자루에 달린 둥근 금부채를 휘두르고 있었고, 어떤 왜적은 흰 바탕에 노란 무늬가 그려진 부채를 짊어지고 있었다. 온갖 색깔에 그림이 화려하게 그려진 부채가 바람에 펄럭일 때면 채색 물결이

일렁이는 듯했다. 어떤 왜적은 닭털로 만든 투구를 쓰고 있었고, 어떤 왜적은 뿔이 난 괴물 가면을 쓰고 있었으며, 어떤 왜적은 머리를 풀어 헤치고 있었다. 푸른색이나 붉은색 일산을 받쳐 쓴 왜적도 있었고, 길고 넓고 화려한 그림이 그려진 깃발을 짊어지고 있는 왜적도 있었다. 개미 떼처럼 밀려오는 왜적의 수가 얼마나 되는지 헤아릴 수가 없었지만, 왜적들이 차고 있는 길고 흰 칼날이 햇빛에 번뜩거려 눈이 부셨다.

　가면을 쓴 왜군들이 갑자기 한꺼번에 소리를 지르니 천지가 떠

나갈 듯 울렸다. 고함지르기가 끝나자 왜군들이 줄을 맞춰 진주성을 향해 몰려들었다. 왜군이 펼친 깃발들이 바람에 일렁이는 바닷물처럼 출렁거렸다.

거의 성 앞에까지 다다라 걸음을 멈추더니 맨 앞줄에 있던 1,000여 명의 왜적들이 자세를 잡고 앉아 진주성을 향해 일제히 조총을 쐈다. 우레와 같은 총소리와 함께 우박이 날리듯 총알이 날아들었다.

"몸을 숨기고 총알을 피하라! 누구도 죽지 말고, 다치지도 마라!"

김시민의 명령을 들은 조선군은 성벽에 몸을 숨기고 꼼짝도 하지 않았다.

한참을 성을 향해 조총을 쏘아 대도 성안에서 아무 반응이 없자 왜군들이 도리어 당황했다. 왜군들은 조총 쏘기를 멈추고 서로 돌아보며 의아해했다.

그때였다.

"전투 태세를 갖추어라!"

김시민의 명령이 떨어지자 병사들이 동문 위 성곽에 늘어서며 활과 총통을 들고 일제히 왜군을 겨누었다.

"쏴라!"

조선군은 가까이 다가온 왜적들을 향해 빗발치듯 화살을 퍼부었다. 갑자기 쏟아지는 화살에 당황한 왜적들이 화살을 피하려 화살이 닿지 않는 거리까지 급하게 물러섰다.

"왜적들이 백성들의 집에서 문짝을 뜯어내고 있습니다!"

병사가 소리쳤다. 잠시 혼란스러워하던 왜적들이 정신을 가다듬더니 주변에 있는 집에서 대문을 뜯고 널빤지를 주워 오고 있었다.

"적이 가까이 올 때까지 기다려라! 화살 한 개, 탄환 한 개도 낭비하면 안 된다."

김시민의 명을 받은 병사들은 왜적을 향해 활과 총통을 겨누기만 하고 한 발도 쏘지 않고 기다렸다. 화살도 탄환도 부족한 상황에서 화살 한 개, 탄환 한 개도 헛되이 쓸 수가 없었던 것이다.

"왜적들이 성 밖 100걸음이 되는 지점까지 다다랐습니다."

한시도 왜적에게서 눈을 떼지 않고 지켜보고 있던 김시민에게 군관이 아뢰었다. 왜적들은 백성들의 집에서 뜯어 온 대문짝과 널빤지로 방패처럼 앞을 막고, 문짝 뒤에 숨어서 조총을 발사하면서 한 발 한 발 진주성을 향해 다가왔다.

"선불리 움직이지 말고 기다려라."

김시민은 100걸음 앞까지 다가온 왜적을 보고도 병사들을 기다리게 했다. 김시민은 적은 수의 병사로 많은 수의 왜적을 상대할 방법은 성문을 굳게 닫고 성을 지키는 방법밖에 없다고 판단했다.

문짝과 널빤지를 방패 삼은 왜적들은 성을 향해 다시 조총을 쏘아 댔다. 왜적이 성을 향해 조총을 쏘는 동안 성안의 조선군은 어떠한 반응도 보이지 않았다.

"왜적이 멈추었다. 공격하라!"

조총을 쏘아 대던 왜적들이 아무 반응이 없는 성을 보며 잠시 총 쏘기를 멈추면 김시민은 그 틈을 이용해서 화살을 쏘게 했다. 성에 가까이 다가온 왜적들을 정확히 쏘아 맞혀 화살의 손실이 없게 하려는 치밀한 계획이었다.

날이 저물도록 성벽을 향해 조총을 쏘아 대는 왜적과 그들이 가까이 다가오기를 기다리다 화살을 쏘는 조선군의 공격은 계속되었다. 왜적들은 진주성에 종일 조총을 쏘아 댔지만 성 밖에서 성 위로 쏘는 조총은 조선군에게 큰 피해를 주지 못했다. 조선군이 진주성 성문을 열고 밖으로 나오기를 기다리던 왜적들은 조총을 쏘아 대도 꿈쩍 않고 성을 지키는 조선군의 작전에 적잖이 당황했다.

성벽 안에 몸을 감춘 조선군을 향해 사정없이 조총을 발사하던 왜군은 성과도 없이 탄환만 잃었지만, 성 가까이 다가온 왜군을 향해 짧은 시간 정확하게 화살을 쏜 조선군은 화살을 많이 잃지 않으면서도 왜군에게 피해를 줄 수 있었다.

"왜적들이 마을의 초가집을 헐어 막사를 세우고 있습니다."

"싸움이 길어지겠구나."

김시민은 꿈쩍 않고 서서 왜적들이 하는 모양새를 지켜봤다. 왜적들은 마을을 가로질러 길게 막사를 지으면서 막사 주위에 불을 피우고 있었다. 왜적들이 먹을 식량과 무기를 운반하는 수레도 끊임없이 이어졌다. 왜적들은 진주성의 성문이 열릴 때까지 절대 물러서지 않을 기세였다.

밤이 깊어지자 막사를 다 지은 왜적들이 진주성을 향한 공격을 다시 시작했다.

"저기를 보십시오!"

김시민이 군관이 가리키는 곳을 쳐다보았다. 여기저기서 뿔피리 소리가 울려 퍼지더니 향교 뒤쪽의 비봉산에 갑자기 횃불이 가득해졌다.

"곽재우 장군이 보낸 200여 명의 의병이 횃불을 들고 비봉산에 도착했습니다."

"곽재우 장군이 보낸 병사들이 저리 많단 말이냐?"

뒷산을 가득 채운 횃불의 수를 보며 김시민이 말했다.

"사실은 병사 한 명마다 횃불 5개씩을 들고 올라갔답니다. 왜적들은 상당한 수의 지원군이 도착한 것으로 생각할 것입니다."

"다행이구나."

의병장 곽재우가 보낸 병사들이 진주성 뒷산에서 북을 치고 뿔피리를 불며 고함치고 있었다. 진주성을 지키기 위해 수많은 조선군이 구원하러 온 줄로 안 왜군은 적잖이 당황하는 듯했다. 곽재우의 의병이 횃불을 밝힌 뒤로 진주성을 향한 왜군의 공격이 조금 주춤했다.

횃불을 밝히다

 진주성을 공격한 지 사흘이 지나도록 왜적들은 쉬지 않고 진주성을 향해 조총과 활을 쏘아 댔다. 왜군은 성문을 열지 않는 조선군에 분풀이하듯 진주성 주변 마을의 집을 모조리 불태워 버렸다.

 날마다 해가 뜰 때부터 질 때까지 진주성 주변에는 왜군이 신경질적으로 쏘아 대는 총알과 화살이 날아다녔다. 마을에는 치솟는 불길이 끊이지 않았고, 매캐한 냄새와 검은 연기가 온 하늘을 뒤덮고 있었다.

 "한성이 함락되고 조선 팔도가 무너졌는데, 너희가 진주성을 어찌 지키겠느냐. 빨리 항복해라!"

 날이 저물 무렵 서너 명의 아이들이 노래를 부르며 성안을 뛰어다녔다. 예닐곱 정도 되는 나이의 앳된 아이들이었다.

 "이것이 무슨 소리냐?"

노랫소리를 들은 김시민이 군관을 불러 물었다.

"왜적들이 마을의 어린아이들을 납치해서 저 같은 노래를 가르쳐 내보내고 있답니다."

"우리의 의지를 꺾으려는 계획이구나. 어림도 없다!"

김시민이 아무것도 모르는 어린아이들까지 이용하는 왜적들에 분노하고 있을 때, 또 다른 병사가 달려 들어왔다.

"무슨 일이냐?"

"왜적들이 성을 쌓고 있습니다."

"뭐라?"

김시민이 동문 위 성곽으로 달려 나갔다. 김시민이 성곽에 서서 왜적들을 바라보니 과연 왜적들이 성과 비슷한 것을 쌓고 있었다. 왜적들은 대나무로 엮은 울타리를 세우고 그 사이에 판자를 놓은 뒤에 흙과 돌을 층층이 쌓아서 진주성의 성벽 높이만큼 흙성을 쌓아 올리고 있었다. 평지에서 진주성 위로 조

　총을 쏘아 맞히기가 어려우니, 진주성과 같은 높이의 흙성을 쌓고 그 위에서 진주성으로 조총을 쏠 계획이었다.
　"곡을 연주하는 악공을 불러라."
　진주성 높은 곳에 올라앉은 김시민은 악공을 시켜 거문고를 타고 퉁소를 불게 하였다. 조용한 밤에 거문고와 퉁소 소리가 바람을 타고 날아가 흙성을 쌓고 있는 왜적들에게 닿았다. 적이 흙성을 쌓든 조총을 쏘든 흔들림 없이 여유로운 김시민을 본 왜적들은 또 한 번 당황했다.

"왜군의 공격입니다!"

새벽녘 보초를 서던 병사의 외침이 들렸다. 왜적들이 진주성 높이만큼 쌓은 흙성 위에서 조총과 화살을 쏘아 댔다. 진주성과 같은 높이에서 날아오는 조총과 화살은 곧장 진주성 안으로 날아들었다. 성안의 집 기둥에도 지붕에도 화살과 총알이 날아와 박혔다.

"성을 지켜라!"

김시민의 명령이 떨어지자 병사들은 일제히 성벽에 붙어 서서 왜적을 향해 활과 총통을 쏘았다. 100보 밖에 세워진 흙성에 있는 왜적과 진주성에 있는 조선군이 서로 활과 총을 쏘아 대는 팽팽한 싸움이었다.

"바퀴 달린 누각입니다!"

병사 중 한 명이 소리쳤다. 김시민이 병사들이 가리키는 곳을 바라보았다. 왜적들이 3층 높이의 나무로 만든 누각에 바퀴를 달아 밀고 오면서 성에 조총과 화살을 퍼부었다. 흙성에서 총을 쏘아 대기만 해서는 진주성을 함락시킬 수 없다고 판단한 왜적들이 바퀴 달린 누각을 밀고 진주성으로 쳐들어오려 하고 있었다. 대포를 얹은 바퀴 달린 누각 위에는 대포를 쏘기 위한 왜적들이 타고 있었다.

"낫과 도끼에 긴 자루를 이어 붙여서 가까이 다가오는 누각을 부수어라!"

병사들은 낫과 도끼의 손잡이에 긴 나무를 덧대어 순식간에 자루가 긴 낫과 도끼를 만들었다. 나무로 만든 누각이 성 가까이 다가오면 성 위에서 병사들이 자루가 긴 도끼와 낫을 들고 바퀴 달린 누각을 쳐서 부수었다.

"현자총통을 발사하라!"

현자총통은 무게가 46근이고 한 번에 쇠로 만든 탄환을 100개까지 쏠 수 있는 무기였다.

"바퀴 달린 누각을 정확히 맞혔습니다."

"바퀴 달린 누각이 물러나고 있습니다."

진주성에서 현자총통을 발사하여 왜군의 누각을 정확히 세 번 맞추니 놀란 왜적들이 밀고 오던 3층 누각을 끌고 도망갔다.

"왜적들이 성을 둘러싼 해자를 소나무 가지로 메우고는 대나무 사다리를 타고 성벽을 기어오르고 있습니다."

김시민과 병사들이 멀리 도망가는 3층 누각에 집중하는 사이, 왜적들이 대나무 사다리를 타고 성벽을 기어오르고 있었다. 진주

성 주변에는 적이 건너오지 못하게 땅을 파고 물을 채운 강과 비슷한 해자가 둘러져 있었다. 왜적들은 해자에 소나무 가지를 던져 넣어 강을 채우고 그 위를 걸어서 넘어온 것이었다.

김시민이 성벽을 넘어 내려다보니 왜적들이 대나무 사다리를 타고 열심히 성벽을 기어오르고 있었다.

"화약 봉지에 불을 붙여 던져라!"

김시민의 명령을 들은 병사들이 화약 봉지에 불을 붙여 성벽 아래로 던졌다. 불이 붙은 화약 봉지는 소나무 가지에 불을 붙였고, 소나무 가지에 붙은 불은 성벽에 세워진 대나무 사다리에도 옮겨 붙었다. 성벽을 반 이상 기어 올라오던 왜적들은 대나무 사다리를 타고 올라오는 불길을 피하느라 여기저기서 해자의 물속으로 뛰어들었다.

"왜적이 성벽에 거의 다다랐습니다."

그러는 틈에 어느새 거의 성벽 위까지 기어 올라온 왜적들도 있었다.

"성에 기어오르는 왜적에게는 큰 돌을 던져라. 화살을 아껴야 한다."

성안의 노인과 여자 들은 큰 돌을 주워다 병사들에게 날랐고,

병사들은 성벽을 기어오르는 왜적에게 돌을 던졌다.

"왜적들이 성벽을 넘어 들어오려고 합니다."

병사들이 다급히 외쳤다.

"가마솥에서 끓는 물을 가져다 적의 머리에 부어라."

김시민이 소리쳤다. 성안의 노인과 여자 들은 가마솥에 급히 물을 끓였고, 병사들은 끓는 물을 가져다 성벽을 거의 다 기어 올라온 왜적들의 머리 위에 부었다.

"으악!"

"아악!"

성벽을 기어오르던 왜적들은 위에서는 돌덩이와 끓는 물이 쏟아지고 아래에서는 대나무 사다리에 붙은 불길이 치솟으니 어찌할 줄을 모르고 해자의 물속으로 뛰어들었다.

"왜적들이 물러가고 있습니다!"

"와! 와!"

병사들이 물러나는 왜적들을 보고 소리쳤다.

"풀로 활을 당겨 쏘는 모양의 허수아비를 만들어 성가퀴에 숨겨 두어라."

김시민은 물러나는 왜적들을 보면서도 흐트러짐 없는 표정으로 다음 작전을 계획하였다. 김시민은 풀로 만든 허수아비를 낮에는 성 위에 낮게 쌓은 담인 성가퀴 안에 숨겨 두고, 밤이 되면 성 밖에서도 보이도록 성 위에 세워 두었다. 밤에 멀리 있는 왜적들에게 진주성 안에 병사들이 아주 많아 보이게 하기 위해서였다.

결연한 마음 가다듬고

왜군이 진주성을 향해 끊임없이 공격하는 동안 의병장들이 이끄는 의병과 여러 지역에서 달려온 관군이 진주성 가까이에 이르러 있었다. 이미 도착해 있던 의병장 곽재우는 군사 100명을 이끌고 진주성 북쪽 비봉산에 진을 치고 있었고, 호남의 의병장 최경회와 임계영은 2,000명의 의병을 이끌고 살천리에 진을 쳤으며, 영남의 의병장 이달과 고성의 의병장 최강은 500명의 의병을 이끌고 망진현에 진을 쳤다. 고성 현령 조응도와 진주 복병장 정유경은 관군 3,000여 명을 이끌고 와서 남강 건너편 진현에 올라 호각을 불고 횃불을 들었다.

김시민과 3,800명의 조선군이 지키고 있는 진주성을 2만여 명의 왜적들이 포위하고, 진주성을 포위하고 있는 왜적들을 사방에서 달려온 의병과 관군이 포위한 셈이었다. 왜군을 포위한 의병과 관군은 횃불을 피우고 피리를 불며 왜적을 위협했지만, 2만 명이나 되는 왜적의 포위를 뚫고 진주성으로 들어와 김시민을 도울 수는 없었다. 진주성에 있던 김시민은 먼 산봉우리에 밝혀진 횃불을 보고 멀리서 울리는 뿔피리 소리를 들으면서 의병과 관군이 도와주러 왔다는 사실을 알아채고 기뻐했다.

많은 수의 왜적과 정면으로 맞설 수 없었던 관군들은 소수의 결사대를 보내 왜군을 기습했다가 물러나는 유격전을 펼쳤다. 의병들은 한밤에 왜군이 진을 치고 있는 주변의 산봉우리에 올라 십자 모양의 횃불을 들고 북을 치고 고함을 지르면서 왜군의 휴식을 방해했다. 진주성을 도우러 달려온 조선군과 의병은 진주성 가까이 다가가지는 못하고 왜군의 뒤에서, 혹은 옆에서 공격하면서 왜군의 전투력을 어지럽힐 뿐이었다.

그럼에도 진주성을 향한 왜적의 공격은 밤낮으로 계속되었다. 왜군은 흙으로 쌓은 성 위에서 진주성을 향해 총포와 화살을 쉬지 않고 쏘아 댔다.

"내일 새벽에 왜적이 진주성을 총공격할 것이라 합니다."

군관이 와서 김시민에게 보고했다. 저물녘에 왜적에게 납치되었던 아이 하나가 도망치다가 조선군의 척후병을 만났는데, 그 아이의 말이 왜적들이 내일 새벽 진주성을 공격할 준비를 하더라는 것이었다.

"내일 새벽, 우리는 진주성을 반드시 지킬 것이다. 큰 돌, 화살, 불붙일 지푸라기, 끓는 물을 최대한 준비하라."

김시민이 결연한 모습으로 말했다.

"예, 장군."

며칠 동안 이어진 전투에 지칠 법도 했지만, 진주성의 병사들은 또다시 목숨을 걸고 진주성을 지킬 각오를 다졌다.

1592년 10월 9일, 김시민과 진주성의 병사들 그리고 백성들은 밤새도록 전투에 쓰일 무기를 준비하면서 왜적을 막을 준비를 했다. 병사들은 창과 화살을 정비했고, 성안의 여인들은 끓일 물을 길었으며, 노인들은 돌을 줍고 불을 붙일 지푸라기를 모았다.

1592년 10월 10일 새벽 무렵이었다.

"왜군이 물러가고 있습니다! 막사마다 불을 밝히고 짐을 싣고 나가고 있습니다."

"어제 아이의 말이 틀린 것 같습니다."

"와! 우리가 진주성을 지켰습니다."

성 위에서 짐을 싸서 돌아가는 왜군을 지켜보던 병사들이 환호

성을 질렀다. 누가 봐도 왜군은 새벽을 틈타 진주성을 포기하고 물러가는 모습이었다.

"……."

그러나 오직 김시민만은 굳은 얼굴로 말없이 왜적의 하는 양을 내려다보고 있었다.

왜군이 막사에 불을 켜고 짐을 실어 나른 지 1시간쯤 지날 무렵이었다.

"적이 쳐들어오고 있습니다!"

동문을 지키던 병사가 다급하게 외쳤다. 김시민이 동문으로 달려가 내려다보았다.

왜군 만여 명이 횃불도 없이 깜깜한 어둠 속을 뚫고 진주성을 향해 오고 있었다. 왜군 중 어떤 이는 긴 사다리를 들고 있었고, 어떤 이는 커다란 방패를 지고 있었다. 어떤 이는 대나무로 만든 광주리를 머리에 쓰고 있었고, 어떤 이는 땅바닥에 까는 멍석을 잘라 머리에 감고 있었다. 쑥대나 풀로 모자 모양을 만들어 머리에 쓴 왜군도 있었다. 모두 조선 병사들이 쏘는 화살이나 돌을 피하려는 차림이었다.

"왜적이 우리를 속였습니다!"

"거짓으로 물러나는 척하더니 어둠을 틈타 공격하고 있습니다!"

병사들이 놀라 소리쳤다.

"물을 끓이고 불화살을 준비하라."

김시민이 곧바로 전투 명령을 내렸고, 진주성의 병사들은 성을 지키기 위해 다시 활과 총통을 들었다.

"왜적이 사다리를 걸고 성벽을 기어오르고 있습니다."

"끓는 물을 부어라."

병사들이 성벽을 오르는 왜적을 향해 끓는 물을 부었다.

"이상합니다. 왜적들이 끓는 물을 맞아도 꼼짝 안 합니다."

끓는 물을 쏟으면 성벽을 오르다가도 뜨거워 사다리에서 떨어지는 게 보통인데, 끓는 물을 맞은 왜적들이 꼼짝도 하지 않으니 병사들이 당황했다.

"허수아비다."

김시민이 말했다. 김시민의 말을 들은 병사들이 성벽에 붙은 왜군을 자세히 살펴보니 과연 가면 인형이었다. 이미 조선군의 끓는 물맛을 보았던 왜군들이 사다리에 가면 인형을 묶어 놓고 왜군이 올라오는 것처럼 조선 병사들을 속인 것이었다.

"왜적들은 사다리 밑에 있다. 불화살을 쏘고 돌을 던져라!"

성안의 병사들은 성 밑으로 불화살을 퍼붓고 돌을 던졌다. 성안의 노인과 여자 들은 성안에 있는 돌이란 돌을 있는 대로 주워다 날랐고, 돌이 떨어지자 지붕의 기와를 뜯고 담벼락을 부숴 돌을 대신할 무기를 만들어서 날랐다.

"남쪽 성벽에 왜적들이 올라오고 있습니다!"

누군가 외치는 소리가 들리자, 김시민이 칼을 빼 들고 달려갔다. 진주성의 병사들이 가면 인형에 속아 주춤하는 사이 왜적들이 조선군의 눈을 속이고 성에 올라온 것이었다. 김시민과 조선의 병사들은 칼과 창을 들고 성을 올라온 왜적들에 맞서 목숨을 걸고 싸웠다. 그사이 성안의 백성들은 더 이상 왜적이 올라오지 못하도록 성 아래로 끓는 물을 붓고 기왓장을 던졌다. 성을 지키는 병사들은 물밀듯 밀려오는 성 아래 왜군을 향해 불화살을 쏘고 총통을 발사했다. 김시민은 물론이고 진주성의 병사들과 노인들, 여자들까지 한 사람도 빠짐없이 성을 지키기 위해 왜적에 맞섰다.

"왜적들이 물러갑니다!"

"이번엔 진짜입니다. 우리가 이겼습니다!"

왜적들은 긴 사다리와 방패를 이용해 성에 오르려 애를 썼지만, 진주성의 병사들이 목숨을 걸고 맞서니 성에 오를 수가 없었다.

성에 겨우 올라온 왜적들은 병사들의 칼에 쫓겨 다시 성을 내려갔고, 성 아래에서 아우성치던 왜적들은 성 위에서 비 오듯 쏟아지는 불화살과 끓는 물, 돌덩이에 어찌할 줄을 몰랐다. 결국 왜적들은 진주성 공격을 포기하고 물러가기 시작했다.

서서히 동쪽 하늘이 밝아 오고 있었다. 한밤부터 왜적과 맞서 싸운 진주성 사람들은 떠오르는 해를 보며 비로소 마음을 놓았다.

"악!"

진주성의 병사들이 물러가는 왜적과 떠오르는 해를 보며 안도하던 찰나에 김시민이 두 손으로 얼굴을 부여잡고 소리쳤다. 진주성의 모든 사람이 김시민을 바라보았다. 피가 솟구치는 왼쪽 이마를 손으로 틀어막으면서 김시민이 쓰러지고 있었다.

"장군께서 총에 맞았습니다!"

"저기, 왜적이 있습니다!"

김시민의 맞은편 쌓아 놓은 짚단 더미 속에 왜적 한 명이 숨어 있었다. 병사들이 달려들어 조총을 들고 있는 왜적을 끌어냈다.

"의원을 불러라!"

군관이 달려가 김시민을 부축하며 소리쳤다. 1592년 10월 18일, 진주성에서의 치열한 전투가 끝나고 일주일이 지나도록 회복하지 못하던 김시민은 끝내 숨을 거두었다.

1592년 10월 10일 새벽에 진주성을 총공격했던 왜적들은 8시간이 넘게 공격하다가 끝내 진주성을 함락하지 못하고 물러났다. 왜적들은 잡아 두었던 조선 포로들도 내버려 두고, 타고 왔던 말과 짐까지 버리고 급하게 달아났다.

진주성을 사이에 두고 조선군과 왜군이 6일 동안 밤낮없이 싸웠던 진주성 전투는 조선군의 승리로 끝났다. 김시민을 비롯한 진주성의 병사들, 백성들, 그리고 싸움을 돕기 위해 달려온 주변의 의병들과 관군들까지 모두가 힘을 모아 이뤄 낸 승리였다. 훗날 치열했던 진주성에서의 싸움을 사람들은 진주 대첩이라 불렀다.

김시민

타고난 치밀함과 지휘력으로 왜적을 물리치다

김시민은 임진왜란 때 진주성에서 3,800명의 병사를 이끌고 2만여 명의 왜적에 맞서 크게 승리를 거둔 조선의 장군이다. 김시민은 1554년 명종 임금 때에 태어나 1592년 진주성 전투 중에 전사했으며, 시호는 충성스럽고 용맹하다는 뜻인 '충무(忠武)'이다. 김시민의 시호는 이순신의 시호와 같다.

진주성
김시민 장군이 이끈 진주성 전투가 일어난 장소. 진주시의 역사와 문화가 집약되어 있다.

기자는 임진왜란 당시 진주성의 입지적 중요성을 누구보다 잘 알고 있었던 초유사 김성일을 만났다. 김성일은 진주성 전투가 일어났을 때 포위된 진주성에 부족한 무기를 공급하고 진주성 외곽에 관군과 의병을 배치하며 진주성 전투를 승리로 이끄는 데 다방면으로 큰 역할을 했다.

왜군은 왜 2만여 명이나 되는 군사를 보내 진주성을 총공격했던 건가요?

왜군은 조선뿐만 아니라 명나라까지 쳐들어가는 것을 목표로 했어요. 명나라까지 공략하는 큰 전쟁을 하기 위해서는 병사들을 먹일 식량을 확보해야 하는데, 조선의 전라도는 곡식이 많이 나는 곡창 지대였어요. 그래서 왜적들은 조선의 곡창 지대인 전라도를 점령하려 했고, 전라도를 점령하기 위해서는 진주성을 반드시 거쳐 가야 했던 것이지요. 조선군의 입장에서는 진주성을 지키는 것이 전라도를 지켜 내는 것이었기 때문에 치열하게 싸웠던 거고요.

전라도로 가는 길이 진주성을 지나는 길 하나밖에 없었나요?

그렇지는 않아요. 왜군이 처음 조선을 침략할 때의 계획은 육지와 바다 두 가지 길로 공격하여 조선을 점령하는 것이었어요. 1592년 4월 13일 부산 앞바다로 쳐들어온 왜적은 5월 3일 한성을 점령할 때까지 거침없었지요. 그런데 이순신 장군이 나타나 바다에서 벌이는 싸움마다 이기니 왜적은 이순신 장군이 지키는 바닷길을 포기해야 했어요. 이순신 장군 때문에 바닷길이 막히자 왜적들은 김해와 창원을 거점으로 삼아 전라도로 향하려고 했어요. 그런데 경상도에서 곽재우 장군 등 의병들이 나타나 그 길을 막아섰지요. 그래서 왜적들은 어쩔 수 없이 진주성을 통해 전라도로 가기로 계획을 바꿨던 거예요.

진주성 싸움에서는 3,800명의 조선군으로 2만여 명의 왜적에 맞서 승리했는데, 승리의 요인으로 무엇을 들 수 있나요?

진주성 싸움에서 큰 승리를 얻을 수 있었던 것은 무엇보다도 김시민 장군의 지휘력 덕분이었어요. 김시민 장군은 장수의 자질을 타고난 사람으로, 싸움이 일어나기 전부터 치밀하게 싸움을 준비했고 싸우는 중에는 허수아비를 만들어 성 위에 세우거나 노인들에게 군인 옷을 입히는 등 적을 속이는 작전을 짜고 무기의 손실을 최소화하면서 흐트러짐 없이 전투할 수 있도록 지휘했지요.

또한 진주성의 병사들과 백성들이 전적으로 김시민을 믿고 따랐기 때문에 승리할 수 있었어요. 무기를 가진 병사들은 물론이고 노약자들까지 적을 돌로 내리치고 불을 붙인 종이를 던지고 물을 끓여 부었으니까요. 김시민 장군과 병사들, 그리고 성안의 백성들이 한마음으로 똘똘 뭉쳤던 거지요.

진주성 싸움도 임진왜란 3대 대첩 중의 하나인가요?

맞습니다. 조선군이 1592년 10월 6일부터 6일 동안 밤낮없이 싸워 큰 승리를 거둔 진주성에서의 전투를 진주 대첩이라 부른답니다.

기자는 인터뷰를 마치고 돌아서면서 2만여 명의 왜적에게 포위된 채로 6일을 버티며 쉼 없이 싸워야 했던 진주성 사람들을 생각해 보았다. 기자의 머릿속에 떠오르는 진주성 사람들은 누구 하나 지치지 않고 씩씩하게 돌을 나르고 물을 끓이고 활을 쏘고 있었다. 아무리 많은 적이 몰려와 포위하더라도, 믿음직스러운 장군과 그를 믿고 따르는 병사들, 그리고 백성들이 하나가 되어 힘을 합하면 끝내 이겨 낼 수 있다는 것을 진주성 사람들이 보여 주었다.

창렬사
임진왜란 중 진주성 전투에서 전사한 인물들을 기리기 위해 세운 사당으로, 김시민 장군의 신위가 모셔져 있다. 경상남도 진주시에 있다.

권율

빼앗긴 한성을 되찾다

절대로 내줄 수 없다

"웅치는 어찌 되었습니까?"

이치에 도착한 광주 목사 권율이 먼저 이치에 진을 치고 기다리고 있던 동복 현감 황진에게 물었다.

"지난 8월 13일에 조총을 쏘며 공격하는 수천 명의 왜적을 우리 관군과 의병이 활로 반격하면서 물리쳤습니다. 그런데 다음 날 새벽에 다시 병력을 총동원하여 공격하는 왜적은 당해 내지 못했습니다. 웅치의 방어선은 뚫렸지만, 웅치를 지키던 관군과 의병이 안진원으로 물러나 왜적의 진입을 막고 있다고 합니다."

황진이 웅치 전투의 상황에 대해 권율에게 설명했다. 설명을 들은 권율의 얼굴이 어두워졌다.

1592년 6월 23일, 금산성을 점령한 왜군은 전라도의 중심인 전주로 진격하려고 했다. 왜군이 금산에서 전라도로 나아갈 수 있는 길은 웅치를 지나는 것과 이치를 지나는 것 두 가지 길이 있었는데, 왜적은 먼저 웅치로 향했다. 전라도의 관군과 의병은 웅치에서 치열한 전투를 벌였지만 끝내 웅치를 지키지 못했다. 웅치를 뚫린 조선군은 안진원에서 왜적을 저지하기 위해 안간힘을 쓰고 있었고, 권율과 황진은 왜적을 막기 위해 이치에 진을 치고 대기하고 있었다.

"안진원에서 막혔다면 머지않아 왜적들이 이치로 오겠군요."

권율이 생각에 잠긴 얼굴로 무겁게 말했다.

"우리가 지키는 한 왜적이 이치를 넘어가는 일은 절대 없지요. 전라도는 조선에서 곡식이 가장 많이 나는 지역입니다. 왜적들에게 절대 전라도를 내줄 수 없습니다."

황진이 두 주먹을 불끈 쥐었다.

1592년 4월 13일에 조선을 침략한 왜군은 20여 일 만에 한성을 함락하고, 두 달 만에 조선 땅의 대부분을 짓밟았다. 왜군은 전쟁 동안 먹을 식량을 얻기 위해 전라도를 차지하기로 계획했다. 처음에 왜군은 한성으로 쳐들어가는 길에 전라도를 공격하려 했지만, 의령의 정암진에서 곽재우에게 패하여 실패하였다. 왜군은 다시 바다를 통해 전라도로 가려 했지만, 이번에는 바다를 지키는 이순신에게 패했다. 두 번의 시도 모두 실패한 왜적들은 금산을 점령한 뒤 전주로 향하려 했는데, 금산에서 전주로 가는 웅치와 이치 모두 조선군이 지키고 있었던 것이다.

"왜적들이 사방으로 흩어져 마을에 불을 지르고 곡식을 빼앗아 가는 것은 물론이고, 백성들을 무자비하게 죽이고 있습니다. 진산에 침입해 관사도 불살랐습니다."

진산 주변을 정탐하러 나갔던 척후병이 격앙된 목소리로 말했다.

"죄 없는 백성들을 죽이다니!"

권율의 얼굴이 분노로 일그러졌다.

"한성에 주둔하던 왜적들도 금산으로 속속 모이고 있는 듯합니다. 왜적들의 세가 더 강해졌습니다."

척후병의 계속되는 보고에 권율은 황진을 돌아보았다.

"대비를 해야겠습니다."

권율이 벌떡 일어서니, 황진도 따라 일어섰다.

권율과 황진은 이치에 주둔하고 있던 관군과 의병, 그리고 승군을 모두 한곳에 모이게 했다.

"금산에 있는 왜적들이 머지않아 이치로 공격해 올 것이다. 그러나 우리가 지키는 한, 왜적들은 결코 이치를 넘어갈 수 없다!"

"와! 와!"

권율의 말에 진영에 모인 조선군들이 일제히 소리쳤다.

"이치로 들어오는 입구에는 말을 탄 적병들이 들어오지 못하게 녹채를 설치하고, 적병이 들어올 만한 길목에는 쇠질려를 뿌려라."

"예, 장군."

녹채는 가지를 사슴뿔처럼 밖으로 향하게 엮은 나무를 울타리처럼 설치하여 적병이 가까이 오지 못하게 하는 방어 장치였고, 쇠질려는 쇠를 가시 돋친 열매처럼 만든 것으로 땅바닥에 뿌려 적병들이 발을 딛지 못하게 하는 무기였다.

"이치로 올라오는 길목 곳곳에 보이지 않게 함정을 파고, 아군의 진 주변으로는 대꼬챙이를 돌려 박아 왜적이 침입하지 못하게 하라."

"예, 장군."

"산의 가장 높은 봉우리에는 화살과 돌을 최대한 많이 쌓아 놓고, 산봉우리 주변으로는 붉은색, 푸른색, 흰색, 검은색, 노란색 다섯 가지 색깔의 깃발을 꽂아라."

"예, 장군."

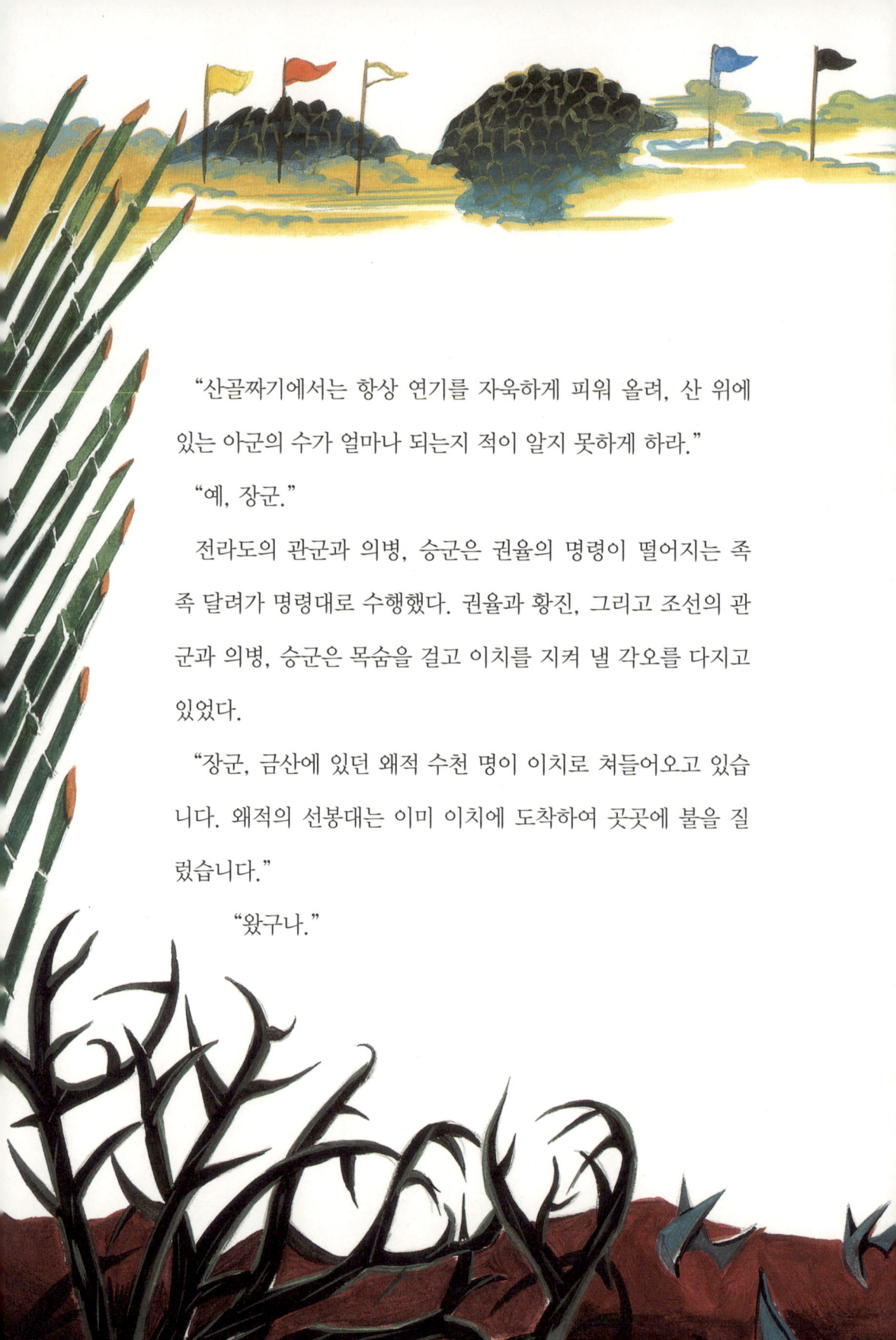

"산골짜기에서는 항상 연기를 자욱하게 피워 올려, 산 위에 있는 아군의 수가 얼마나 되는지 적이 알지 못하게 하라."

"예, 장군."

전라도의 관군과 의병, 승군은 권율의 명령이 떨어지는 족족 달려가 명령대로 수행했다. 권율과 황진, 그리고 조선의 관군과 의병, 승군은 목숨을 걸고 이치를 지켜 낼 각오를 다지고 있었다.

"장군, 금산에 있던 왜적 수천 명이 이치로 쳐들어오고 있습니다. 왜적의 선봉대는 이미 이치에 도착하여 곳곳에 불을 질렀습니다."

"왔구나."

　1592년 8월 17일 아침 해가 막 뜰 무렵, 금산에 있던 왜적이 이치를 공격해 왔다는 보고가 있었다. 권율은 올 것이 왔다는 듯 태연히 일어났다. 붉은색에 금빛이 도는 갑옷을 입고 있던 권율은 검은색 철로 만든 투구를 쓰고 칼을 들었다.

　전라도를 차지하기 위해 이치를 뚫어야 하는 왜군과 기필코 이치를 지켜 내야 하는 조선군의 전투는 치열했다. 왜적은 조총을 쏘아 대며 이치를 공격했고, 조선군은 화살을 쏘며 왜적에 맞섰다. 권율은 직접 싸움터에 달려 나가 적의 동태를 살피며 작전을 지휘했다. 군사들은 권율의 지시에 더욱 분발하여 용감히 싸웠다.

수천 명의 군사를 이끌고 이치로 밀고 들어온 왜군에 비해 고작 1,000여 명에 불과한 조선군은 수적으로 밀리는 상황이었다. 그러나 권율과 황진을 비롯한 조선군은 죽기를 각오하고 직접 칼을 뽑아 들고서 왜적과 몸을 부딪치며 싸웠다.

"적들이 함정에 빠졌습니다."

"적들이 타고 있는 말이 바닥에 뿌려 놓은 쇠질려를 밟고 여기저기서 넘어졌습니다."

"적들의 말이 녹채에 걸려 들어오지 않으려 하니, 적병들이 말을 버리고 맨몸으로 올라옵니다."

곳곳에 권율이 미리 방비한 방어책에 왜적들이 속수무책으로 걸려들었다. 더구나 산봉우리 위에 미리 화살과 돌을 산더미처럼 쌓아 둔 조선군은 이치 고개를 올라오는 적을 향해 화살을 비 오듯 퍼붓고 돌덩이를 사정없이 던졌다.

해 뜰 무렵부터 이치에서 벌어진 조선군과 왜적의 치열한 싸움은 한밤이 되어서야 멈추었다. 발 디디는 곳마다 함정인 데다 빗발치는 화살에 속수무책이던 왜적은 슬금슬금 이치를 빠져나갔다. 왜적 중에서 다친 자들은 살려 달라고 염불을 외웠고, 갑옷과 칼을 내던지고 도망치는 자들도 많았다. 이치의 곳곳에 왜적의 시체가 쌓였고, 왜적의 피가 흘러 풀과 나무에서 피비린내가 진동했다. 이날 권율이 이끄는 조선군은 이치를 지켜 냈고, 왜적은 끝내 전라도로 갈 수 없게 되었다.

막을 뿐 응하지 않는다

이치 전투를 승리로 이끈 권율은 황진에게 이치를 지키게 하고, 왜적에게 함락된 한성을 되찾기 위해 조선군을 이끌고 한성 남쪽에 있는 독산으로 향했다. 나무가 없는 산인 독산은 민둥산이라고도 불렸다. 독산성은 독산 정상부의 넓은 들판 가운데 있는 산성으로, 산에 숲과 나무가 없어 주변으로 막힌 곳이 없었다.

"……."

독산성 위에 서서 주변을 내려다보던 권율이 말없이 고개를 끄덕였다. 독산성은 주변 일대가 한눈에 들어오고 안에 군사 시설이 갖추어져 있어서 왜군과 싸우기에 안성맞춤이었다. 더구나 독산성은 한성과 가까웠다. 왜적에게 빼앗긴 한성을 되찾기에 독산성은 가장 좋은 장소였다.

"한성의 왜적들이 독산성이 있는 오산 부근까지 내려와 진을 치고 있습니다."

한성 주변을 정탐하고 돌아온 척후병이 알렸다. 권율이 독산성에 주둔하고 있다는 정보를 알아낸 왜적들이 한성에 있던 군대를 독산성 주변으로 급히 보냈던 것이다. 2만여 명의 왜군들이 오산 주위로 3개의 진을 펼치고 독산성을 포위하였다.

"장군, 왜적이 독산성 아래 나타났습니다."

1592년 12월, 보고를 받은 권율이 급히 성문 위로 나갔다. 성문 위에서 내려다보니 독산 아래에서 왜적들이 깃발을 펄럭이며 진을 치고 있었다. 한참 대열을 정비하던 왜적들이 본격적으로 산을 오르기 시작했다.

"성을 지킬 뿐 성문을 열지 말라!"

왜적들을 지켜보고 있던 권율이 성벽을 지키고 있던 병사들에게 명령했다. 조선군은 성을 기어오르는 적에게 일제히 활을 겨누었다. 숲이 없는 민둥산인 독산은 산을 오르는 왜적들의 모습을 그대로 보여 주었다.

"탕! 탕!"

독산성 근처까지 올라온 왜적들이 산성을 향해 조총을 쏘아 댔다. 산성 위의 조선군은 성벽에 의지해 총알을 피할 뿐 대응하지

않았다. 왜군이 성벽을 타고 기어오르려 했지만, 성벽 위에서 쏟아지는 돌덩이와 끓는 물 때문에 성벽을 탈 수도 없었다.

"왜적들이 물러가고 있습니다."

서너 시간 동안 헛되이 독산성 성벽을 향해 조총을 쏘아 대던 왜군들이 돌아서고 있었다.

"지금이다! 날랜 병사들을 보내 적을 공격하라."

권율의 명령이 떨어지자 조선군 중 날랜 병사들이 성문을 열고 조용히 달려 나갔다. 굳게 닫힌 성문이 열리리라고 생각지 못했던 왜군들은 갑자기 뒤에서 공격하는 조선군에게 무방비로 당했다. 조선군은 산에서 내려가는 왜군을 향해 뒤에서 활을 쏘았고, 뒤처진 왜군을 쫓아가 칼로 벴다.

"앞에 있던 왜군들이 돌아서고 있습니다."

앞서 산에서 내려가던 왜군들이 뒤에서 조선군이 성문을 열고 달려 나온 것을 알아채고 돌아섰다. 권율은 성벽 위에서 왜군의 상황을 내려다보고 있었다.

"물러나라!"

권율의 명령이 떨어지자 성벽 위에 있던 병사가 뿔피리를 불었다.

"부우웅! 부우웅!"

뿔피리 소리가 들리자 왜군에게 공격을 퍼붓던 조선의 날랜 병사들이 한꺼번에 공격을 멈추고 돌아섰다. 병사들은 달리기 선수처럼 날랜 걸음으로 산을 타고 올라와 성으로 돌아왔다. 산에서 내려가던 왜군들이 조총을 쏘아 대며 날랜 병사들을 뒤쫓아 산에 올라왔다.

"성문을 닫아라!"

마지막 병사가 성안으로 들어서는 것을 확인한 권율이 명령했다. 조선군은 다시 독산성의 성문을 굳게 닫았다. 독산성 아래까지 조선군을 쫓아오던 왜군은 굳게 닫힌 성문 앞에서 발만 동동 굴렀다. 약이 오를 대로 오른 왜군이 성벽을 향해 조총을 쏘아 댔지만 애먼 탄환만 버릴 뿐이었다. 온종일 독산성을 공격했던 왜군은 조선군과 제대로 싸워 보지도 못하고 날랜 조선 병사들의 기습 공격에 큰 피해를 당했다.

"왜적들이 공격을 그치지 않습니다. 오늘이 닷새째입니다."

"적에게 응하지 말라."

그날 이후 독산성을 향한 왜군의 공격이 5일 동안 계속되었다. 밤낮없는 왜적들의 공격이 5일이나 지속되는 동안에도 권율은 독산성의 성문을 굳게 닫고 성곽 위에서 방어만 할 뿐 왜적과 맞서 싸우지 않았다. 왜적은 권율의 군대를 산성 아래로 끌어내리려 쉼 없이 싸움을 걸었으나 권율은 꿈쩍도 하지 않았다.

"장군, 왜적들이 산성으로 들어오는 물길을 막아 버렸습니다."

닷새를 쉬지 않고 공격해도 권율의 조선군이 굳세게 버티자, 왜군이 독산성으로 흐르는 계곡물의 상류로 올라가 물길을 막아 버렸다. 독산성 안에는 샘이 없어서 물을 공급받을 방법이 오직 산 위에서 흐르는 계곡물뿐이었다.

"성안에 물이 얼마나 있느냐?"

"거의 없습니다."

군관이 난감한 표정을 지었다. 독산성 안에는 수천 명의 병사가 있는데, 당장 먹을 물이 없으면 큰일이었다.

"장군, 저기를 보십시오."

군관이 한 곳을 가리키며 소리쳤다. 왜적이 물동이를 얹은 지게를 지고 산 위로 올라오고 있었다.

"저들이 우리를 조롱하고 있구나."

화가 난 권율의 얼굴이 벌겋게 달아올랐다. 독산성으로 흐르는 계곡물을 막은 왜적들이 독산성 안에 물이 없을 테니 항복하라는

뜻으로 물지게를 진 병사를 올려 보냈던 것이다.

"흰 말 한 마리와 쌀 한 가마니를 준비하라."

성난 얼굴로 물지게를 진 왜적을 노려보던 권율이 곁에 있던 병사에게 조용히 말했다.

"말을 산 위로 데리고 올라가서 시키는 대로 하라."

권율은 병사에게 흰 말을 가장 높은 산봉우리로 데리고 올라가게 했다. 병사는 동이가 든 지게를 메고, 흰 말을 끌고 산 위로 올라갔다. 민둥산인 독산은 숲이 없어서 산 아래에서도 산 위가 잘 보였다. 왜적들도 동이를 지고 흰 말을 산꼭대기까지 끌고 올라가는 조선군 병사를 지켜보고 있었다.

산꼭대기까지 올라간 병사는 아래에서 잘 보이는 너럭바위 위에 말을 세웠다. 검은 바위 위에 선 흰 말이 유독 잘 보였다. 병사는 말 옆에 지게를 세우더니, 지게 위에서 동이를 끌어내렸다. 독산성 안의 조선군도 독산 아래의 왜군도 모두 병사가 하는 양을 지켜보았다.

병사는 동이에서 하얀 물을 흰 말 위에 콸콸 쏟더니 말의 등을 씻겨 주었다.

"저 물이 어디서 난 것입니까?"

권율의 옆에 있던 군관마저 먹을 물도 없는 산성에서 말을 목욕시키는 장군이 이해되지 않았다.

"물로 보이느냐?"

"물이 아닙니까?"

"아니다."

"물이 아니면?"

"흰 쌀이다."

권율은 말을 끌고 가는 병사에게 물 대신 흰 쌀을 가득 담은 동이를 지게 했다. 산꼭대기에 올라간 병사는 동이에 든 흰 쌀을 말에게 부었고, 마치 물을 부은 듯 등을 씻겨 주는 체했던 것이었다.

"쌀이요? 멀리서 보니 분명 물로 보입니다."

권율의 꾀는 정확히 들어맞았다. 산성으로 흐르는 물길을 막은 왜군들은 조선군이 물이 없어 오래 버티지 못하리라고 생각했다. 그런데 먹을 물은 물론이거니와 물을 콸콸 쏟아 말을 목욕까지 시킬 수 있다니, 성안에 물이 많다는 증거로 보였던 것이다.

"오산 부근에 있던 왜적들이 진영을 모두 불사르고 한성으로 돌아갔다고 합니다."

산성에 물이 풍부하다고 잘못 판단한 왜적들은 독산성을 함락하지 못하고 끝내 물러났다.

"힘 좋은 병사들에게 도끼와 창을 들고 한성에서 나오는 길을 지키도록 하라. 왜적이 한성에서 한 발짝도 나오게 해서는 안 된다."

권율은 왜적이 한성에서 나오는 길목마다 병사들을 숨겨 두었다가 왜적이 나타나면 공격하게 하였다. 조선군은 한성에서 나오는 길목에 숨어 있다가, 물을 길으러 나오거나 땔감을 구하러 나오는 왜적들을 공격했다. 한밤의 어둠을 틈타 한성 안으로 들어가 보초를 서는 왜적을 죽이는가 하면, 수백 명의 기병을 적진으로 갑자기 돌진시켜 화살을 퍼붓고 돌아오게 하였다. 밤에는 한성 주변의 산에 올라가 횃불을 밝히고 뿔피리를 불며 적진을 소란스럽게 하였고, 왜군의 물길을 끊어 버려 한성 안에 있는 왜군이 물을 먹지 못하게 하였다. 권율의 군대가 한성 주변을 들락날락하면서 왜군을 공격하니, 나무를 구할 수 없었던 왜군은 땔감 없이 추운 겨울을 버텨야 했다.

권율의 독산성 전투는 다수의 적에 맞서 오랫동안 성을 지키면서 버티는 전투였고, 소수의 적에 맞서 날래게 공격하고 빠르게 빠져나오는 야간 기습 전투였다. 수천 명의 병사를 거느린 권율은 버티기로 2만 명의 왜적을 막아 냈고, 물러난 왜적들을 한성에 가 뒀다. 권율이 왜적을 한성에 가둔 덕분에 한성 주변의 조선군은 자유로이 활동할 수 있었고, 이는 이후에 왜적에게 빼앗겼던 한성을 되찾는 실마리가 되었다.

하늘이 우리를 돕는구나

1593년 2월, 권율은 독산성에 소수의 군사를 남겨 계속 주둔하는 것처럼 속이고, 날랜 병사 2,300명을 거느리고 덕양산에 있는 행주산성으로 갔다.

"산성이 높지는 않지만, 한 면은 강이고 세 면이 구릉이다."

권율은 행주산성 주변의 지형을 살폈다.

행주산성의 한 면으로는 강이 흐르고 있었다. 이는 물을 직접적으로 공급받기 쉽고, 식량을 구하기도 좋은 위치라는 뜻이었다. 옆에 강이 있으면 산성에 식량이 모자랄 때 다른 지역에서 배로 식량을 조달할 수 있었다.

또한 행주산성의 세 면은 구릉이었다. 이는 세 방향의 비탈이 심해서 적이 침입하기 어렵다는 뜻이었다. 따라서 행주산성으로 적이 들어올 방법은 한 방향뿐이라는 뜻이고, 그 한 방향의 길만 잘 지키면 적을 막아 낼 수 있었다.

"행주산성은 안쪽의 내성에 돌로 된 성벽이 있고 바깥쪽의 외성에 흙으로 된 성벽이 둘려져 있는, 이중으로 이루어진 산성이다. 외성 바깥에 목책을 두 겹으로 치고, 성가퀴마다 녹각을 설치하라."

권율은 외성 주변으로 나무 울타리인 목책을 두 겹으로 치게 하고, 성가퀴에는 나뭇가지를 사슴뿔처럼 삐죽삐죽하게 만들어 엮은 녹각을 설치하게 했다. 왜적이 침입하지 못하게 하기 위해서였다.

"목책 앞에는 화차를 배치하라."

권율은 전라도 소모사인 변이중이 보내 준 화차 40대를 목책 앞에 늘어세웠다. 화차는 수레 한 대에 40개의 구멍을 뚫고 가지고 다닐 수 있는 작은 포인 승자총통 40개를 설치한 무기였다. 승자총통의 심지에 불을 붙이면 화차 한 대에서 한꺼번에 600발의 탄환을 발사할 수 있었다. 화차 한 대당 600발을 쏠 수 있는데, 화차 40대를 벌여 놓고 한꺼번에 심지에 불을 붙이면 동시에 탄환을 2만 4,000발까지 쏠 수 있었다.

"승군들은 자성을 지켜라."

권율의 군사는 관군과 의병, 그리고 승군으로 구성되어 있었다. 그중 승려로 구성된 승군을 자성으로 내려보내 지키게 한 것이다. 행주산성은 내성과 외성이 있어 이중으로 구성되었을 뿐만 아니라, 본성에서 조금 떨어진 아래쪽 길목에 자성이 하나 더 있었다. 세 면이 구릉인 행주산성으로 들어올 수 있는 길은 서북쪽 방향 딱 하나밖에 없는데, 그 길목에 자성이 있었다. 따라서 자성은 행주산성으로 들어오는 길목을 지키는 중요한 성이었다. 권율은 조선군 중에서 승군을 모두 자성으로 보내 왜적이 산을 타고 올라오는 길목을 지키게 했다.

"성에 있는 동이마다 물을 가득 채워라."

　　행주산성에 머무는 동안 권율은 왜적과의 싸움에서 이기기 위한 준비를 차근차근 갖추고 있었다.

　　1593년 2월 12일, 새벽 6시쯤이었다.

"적이 왼쪽 오른쪽으로 나뉘어 산성을 향해 오고 있습니다."

　　희끄무레 날이 새려는 즈음에 정탐을 나갔던 척후병이 달려와 아뢰었다. 권율이 산성 가장 높은 곳에 올라가 내려다보니 양쪽에서 달려오는 적의 무리가 보였다. 처음에는 왜적이 수백 명이었는데, 순식간에 수만 명으로 늘어났다. 황금색 일산을 쓰고 있는 왜적의 장수를 중심으로 붉은 깃발과 흰 깃발을 등에 지고 귀신의 얼굴, 짐승의 몸으로 괴이하게 분장한 왜적들이 들판을 뒤덮었다. 끝도 없이 밀려오는 왜적들은 두 겹으로 세 겹으로 둘러서며 행주산성을 포위했다.

"병사들에게 밥을 먹여라!"

권율은 싸움을 시작하기 전에 먼저 병사들에게 밥을 먹였다.

"적의 공격이 시작되었습니다."

왼쪽으로 밀려오던 왜적들이 소리를 지르며 산성을 향해 달려왔다.

"활을 쏴라!"

권율은 활을 잘 쏘는 군사들을 뽑아 왜적이 내려다보이는 곳에 배치하고 화살을 비 오듯 내리쏘게 하였다. 힘 있는 병사들은 돌덩이를 던졌고, 목책 앞에 세워 둔 화차에서는 철환을 쏘았다. 행주산성에 머물고 있던 백성들도 한마음으로 돌을 던지며 왜적을 막았다.

"어? 왜적이 물러갑니다."

전투를 시작한 지 그리 오래되지 않았고 싸움의 형세도 비등비등한데, 산성을 향해 공격하던 왜적들이 갑자기 방향을 바꿔 물러가고 있었다. 조선군은 공격을 멈추고 물러가는 왜군을 의아하게 쳐다보았다.

"아니다! 교대로 공격하려는 것이다."

권율이 오른쪽에서 달려 나오는 왜적들을 보면서 소리쳤다. 물러나는 왜적들을 바라보던 병사들이 퍼뜩 정신을 가다듬고 새로 몰려오는 왜적을 향해 활을 겨누었다.

3만 명이나 되는 군대를 끌고 온 왜적들은 진영을 나누어 한 진영이 공격할 때 다른 진영이 휴식을 취하고, 싸우던 진영이 물러나 쉴 때에는 다시 새로운 진영이 공격하였다. 왜적이 교대로 공격하고 쉬는 동안 행주산성의 조선군은 한시도 쉴 틈이 없었다.

"적이 여섯 번째 몰려오고 있습니다. 바퀴 달린 포를 밀고 오고 있습니다."

"불화살을 쏘고, 화차로 적의 바퀴 달린 포를 집중 공격하라!"

바퀴 달린 포를 밀고 오던 왜적들은 불붙은 포를 끌고 돌아갔다.

새벽에 행주산성을 공격하기 시작했던 왜적들은 햇살이 제법 따뜻한 오후가 되도록 공격을 계속했다. 교대하며 싸울 수 있었던 왜적들은 공격하다 물러가 쉬기를 반복했지만, 교대할 군대가 없는 조선군은 지쳐 갔다.

"자성이 무너졌습니다. 왜적들이 자성을 뚫고 넘어오고 있습니다."

해가 서산으로 기울어 갈 무렵, 행주산성으로 오르는 길목을 지키던 승군들이 지쳐 조금씩 무너지자 그 틈을 비집고 왜적들이 산을 오르고 있었다.

"적들이 말에게 먹이기 위해 묶어 놓은 마초 뭉치를 가지고 바람을 따라 불을 놓고 있습니다. 성채를 불태우려는 것입니다!"

병사의 다급한 외침이 들렸다.

"성안에 있는 물을 모두 가져와 불을 꺼라!"

왜적들은 마초를 이용해 성에 불을 지르려 했지만 실패했다. 권율이 성에 불이 붙을 것을 예상해서 미리 물을 준비해 두었기 때문이었다.

"적들이 외성을 지나 내성까지 넘어오고 있습니다."

병사들이 목책의 불을 끄느라 정신없는 사이에 왜군이 외성을 넘어 내성까지 들어오고 있었다.

"물러서지 마라!"

권율이 칼을 뽑아 들고 뛰어나갔다. 권율은 직접 칼을 휘두르며 왜적을 공격했고, 왜적들은 권율 앞에서 맥없이 쓰러졌다. 권율이 적을 무찌르는 것에 힘을 얻은 조선 병사들도 목숨을 걸고 왜적을 막았다. 자성을 넘고 외성, 내성을 넘어 들어왔던 왜적들이 조선군의 위세에 눌려 흩어져 달아났다.

"적이 일곱 번째 몰려오고 있습니다!"

"장군, 화살이 거의 없습니다."

"……"

어떤 상황에서도 막힘이 없었던 권율이지만 화살이 바닥났다는 보고에는 막막함에 잠시 말을 잃었다. 왜적이 쉼 없이 공격해 오는 마당에 행주산성에서 버틸 수 있게 해 주는 무기인 화살이 바닥났다는 것은 가장 어려운 상황이었다.

"장군, 화살이 도착했습니다!"

마지막 해가 서산에 걸터앉아 있을 무렵 행주산성의 남문을 지키던 병사가 뛰어왔다.

"무슨 소리냐?"

"충청 수사께서 화살을 가득 실은 배 2척을 끌고 오셨습니다."

권율이 성의 남문으로 달려가 내려다보니 강을 타고 내려온 2척의 배가 정박하고 있었다. 충청 수사인 정걸이 화살을 가득 싣고 달려온 것이었다.

"하늘이 도왔구나."

권율이 반가운 얼굴로 말했다.

"싸움을 계속하라!"

권율은 다시 조선군을 독려했고, 조선의 병사들은 권율의 지휘에 따라 활을 당기고 화차에서 포를 발사했다. 하루가 꼬박 지나도록 지치지 않는 조선군의 항전에 도리어 왜군들이 당황했다.

"여덟 번째로 왜적이 몰려오고 있습니다!"

해가 거의 저물었을 무렵, 왜군은 여덟 번째 공격을 시작했다.

"병사들이 지쳐 가고 있습니다."

군관이 올라와 권율에게 말했다. 권율은 성벽 위에서 온종일 활을 쏘고 있는 병사들을 바라보았다. 피범벅인 머리를 동여매고 활을 쏘는 병사도 있었고, 깨진 무릎에서 피가 흐르는데도 돌을 나르는 병사들도 있었다. 적의 조총에 맞아 쓰러진 병사들, 상처를 입어 한쪽에 누워 있는 병사들도 많았다. 흙투성이 피투성이가 된 채로 돌을 나르다 쓰러진 노인도 있었고, 찢어진 치마를 동여 묶고 물동이를 나르는 여인도 있었다. 행주산성 안의 모든 사람이 각자의 자리에서 최선을 다해 싸우고 있었고, 또 지쳐 가고 있었다.

"아홉 번째로 왜적이 몰려오고 있습니다!"

해가 완전히 저물었을 때, 왜적은 아홉 번째 공격을 시작했다. 행주산성을 지키며 버티는 조선군이나 종일 달리고 쏘고 칼을 휘두르는 왜군이나 지치기는 마찬가지였다.

"장군, 강화의 김천일 장군이 300명의 의병을 이끌고 도착했답니다!"

"강화의 의병이 도우러 왔구나."

권율의 얼굴에 화색이 돌았다. 지원군의 도착은 사그라져 가던 전투력의 불씨에 기름을 부어 주었다.

"황금색 일산을 쓴 자가 적의 대장이다. 적장을 집중적으로 공격하라."

권율의 말을 들은 병사들은 왜군의 뒤쪽에서 화려한 깃발을 꽂고 황금색 일산 밑에 서 있는 적장에게 화살을 퍼부었다.

"적장이 쓰러졌습니다."

화살에 맞은 왜군의 대장이 말에서 떨어지고 있었다. 대장이 상처를 입고 쓰러지자 왜군들은 당황했고, 진열이 무너지기 시작했다.

"적들이 우왕좌왕하고 있습니다."

그때였다.

"저기 양천 포구에 배들이 가득합니다!"

누군가의 외침을 들은 권율이 산성 아래의 강을 내려다보았다. 전라도에서 물건을 실어 나르는 배 40여 척이 강을 따라 올라오고 있었다.

"하늘이 우리를 돕는구나. 이순신 장군을 크게 외쳐라!"

"장군, 저 배는 물건을 나르는 조운선입니다. 이순신 장군의 수군이 아닙니다."

권율의 옆에 서 있던 군관이 난감한 얼굴로 말했다.

"상관없다. 여러 차례 바다 전투에서 패한 왜적들은 이순신 장군의 이름만 들어도 두려움에 떨 것이다. 외쳐라!"

"이순신! 이순신!"

권율의 명령을 받은 병사들은 일제히 이순신을 외쳤다. 조선군은 행주산성이 떠나가도록 이순신을 외쳐 대고 강에는 수십 척의 배가 올라오고 있으니, 왜적들은 어떤 배인지 확인할 겨를도 없이 이순신이 수군을 이끌고 올라오는 것으로 판단했다.

"적들이 물러갑니다."

"뒤쫓아라!"

권율과 조선군이 칼과 활을 들고 뛰쳐나가 도망가는 왜적을 공격하자, 적이 버티지 못하고 흩어져 달아났다. 권율의 조선군은 수백 명의 왜적을 죽이고 활과 화살, 갑옷과 투구, 칼과 총 등 상당한 무기를 빼앗았고, 살아남은 왜적들은 통곡하며 돌아갔다. 권율은 왜적의 시체를 네 무더기로 모아 말 먹이는 풀에 불을 붙여 태웠는데, 왜적의 시체 타는 냄새가 10리에 퍼졌다.

　행주산성 전투에서 권율은 지원하러 온 의병까지 합해서 겨우 3,000여 명의 병사들로 3만 명의 왜적을 물리치는 대승리를 거두었다. 권율이 승리로 이끈 행주산성에서의 전투를 사람들은 행주대첩이라 불렀다.

권율

빼앗긴 한성을 되찾다

권율은 임진왜란 때 이치 전투, 독산성 전투, 행주산성 전투 등 많은 전투를 승리로 이끈 조선의 용맹한 장군이다. 권율은 1537년 중종 임금 때에 태어나 1599년 선조 임금 때에 숨을 거두었으며, 시호는 충성스럽고 엄하다는 뜻인 '충장(忠莊)'이다.

행주대첩비
행주 대첩의 승전을 기념하기 위해 건립한 전공비. 경기도 고양시에 있다.

기자는 권율의 묘지에 쓰는 글, 비석에 새기는 글 등 권율에 대한 많은 글을 남긴 권율의 사위 이항복을 만났다. 이항복은 임진왜란 당시 피난 가는 선조 임금을 곁에서 모셨고, 명나라에 가서 지원군을 요청하는 외교 활동을 하였다.

임진왜란의 3대 대첩 중 하나로 꼽히는 행주 대첩에 대해 자세히 알려 주세요.

1593년 1월 초에 조선과 명나라의 군대가 힘을 합한 연합군이 왜적에게 빼앗겼던 평양성을 되찾았어요. 평양성을 되찾은 연합군은 왜적에게 빼앗긴 한성을 되찾으려 했지요. 그런데 1593년 1월 27일 벽제관 전투에서 왜적에게 패한 명나라 군대는 개성으로 물러나더니 평양까지 후퇴해 버렸어요. 그러나 조선의 관군과 의병은 한성을 되찾겠다는 결심을 끝까지 포기하지 않고 남쪽과 서쪽에서 한성을 포위하고 있었어요. 그래서 왜군이 조선군의 포위망을 무너뜨리기 위해 행주산성을 먼저 공격해 온 것이지요. 행주산성 전투는 1593년 2월 12일 하루 동안 조선군이 왜적에 맞서 크게 승리한 싸움이었어요. 권율 장군이 조선의 관군, 의병, 승군 그리고 성안의 백성들과 힘을 합해 행주산성을 지켜 냈어요. 행주산성 전투에서 패한 왜적은 끝내 한성을 포기하고 남쪽으로 물러날 수밖에 없게 되었답니다.

조선과 명나라의 연합군이라 하셨는데요, 임진왜란 때 명나라 군대가 참전했나요?

그렇습니다. 1592년 4월 13일 조선을 침략한 왜군은 계속된 전투에서 승리하면서 5월 3일에 한성을 함락하고 6월에는 평양까지 점령했지요. 조선의 선조 임금은 4월 28일 신립이 탄금대 전투에서 패했다는 소식을 4월 29일에 듣고 4월 30일에 한양을 떠나 개성으로 피난했어요. 한성이 왜군에게 함락되었다는 소식을 들은 선조 임금은 개성에서 평양으로 또다시 피신했고, 왜적이 평양으로 공격해 온다는 소식을 듣고는 더 북쪽에 있는 의주로 거처를 옮겼어요. 선조 임금은 명나라 땅인 요동으로 피난할 생각까지 했었는데, 류성룡 등이 말렸지요.

왜적의 침입을 받아 다급해진 임금과 신하들은 명나라에 지원군을 요청했고, 1592년 6월에 조승훈이라는 명나라 장군이 군사 3,000명을 이끌고 조선으로 왔어요. 그러나 조승훈의 군대는 1592년 7월 17일에 왜군에게 패하자 바로 철수했고, 이후 명나라는 지원군을 보내 주겠다고 하면서도 계속 시간만 끌었어요.

그사이 조선에서는 1592년 5월 곽재우를 시작으로 곳곳에서 의병이 일어나 무능한 관군을 대신해서 왜적을 무찔렀고, 6월부터는 이순신이 이끄는 수군이 바다를 지켰어요. 1592년 10월에는 진주 목사 김시민이 진주성 싸움에서 큰 승리를 거두었고요.

1592년 12월이 되어서야 이여송이라는 명나라 장군이 이끄는 군대가 조선으로 왔고, 1593년 1월에 이여송이 이끄는 명나라 군대와 조선군이 힘을 합쳐 왜적에게서 평양을 되찾았어요. 그런데 2월에 벽제 전투에서 왜적에게 패한 명나라 군대가 다시 물러나 버렸던 거지요. 그러나 조선군은 한성을 되찾으려는 노력을 그만두지 않았고, 행주산성 전투에서 크게 이기면서 결과적으로는 왜군이 한성에서 물러나게 했답니다.

행주 대첩 이후 전쟁은 어떻게 되었나요?

1592년 임진년에 시작된 전쟁은 1593년까지 치열한 싸움을 하다가 잠시 휴전해요. 왜군은 조선을 쉽게 무너뜨릴 수 있을 줄 알았지만, 이순신이 이끄는 수군, 각지에서 일어나는 의병, 그리고 백성들까지 힘을 합친 조선군은 쉽게 꺾이지 않았어요. 게다가 명나라 군대까지 조선군을 도우니, 왜군들은 주춤할 수밖에 없었지요. 그러다 1597년 정유재란이 일어났고, 1592년 임진년에 시작된 전쟁은 1598년에야 막을 내리게 됩니다.

기자는 인터뷰를 마치고 돌아서며 뿌듯함과 동시에 안타까운 마음이 들었다. 권율 장군이 조선군과 의병, 승군을 이끌고 행주산성에서 큰 승리를 거두는 장면에서는 기쁨의 환호성을 지르고 싶었다. 하지만 임진년에 일어난 전쟁이 7년이나 지난 뒤에 끝났다는 말을 듣고는 가슴이 갑갑했다. 전쟁을 치르는 동안 얼마나 많은 사람이 죽고 다쳤을지 상상도 되지 않았다. 7년의 전쟁 동안 희생되었던 소중한 사람들을 생각하니 끝내 가슴이 아렸다.

부록

역사 선생님이 들려주는 임진왜란 이야기

이윤구
(부평여자고등학교 역사 교사)

세 나라의 운명을 바꾼 전쟁, 임진왜란

1592년부터 7년간 계속된 임진왜란은 조선, 일본, 명나라가 참여한 국제 전쟁이었어. 이 전쟁으로 세 나라는 커다란 변화를 겪게 되었지. 이순신 장군 같은 영웅이 등장하기도 했지만, 많은 사람이 죽거나 다쳤고 땅이 메말랐어. 세 나라의 역사를 바꾸어 놓은 임진왜란은 어떤 전쟁이었을까?

흔들리는 조선

임진왜란이 벌어지기 직전, 조선에서는 양반 중심의 사회 체제가 자리 잡았어. 조선 초기의 왕권 다툼과 양반 지배층 사이의 다툼이 끝나고, 양반들은 정치적인 입장이 같은 사람들끼리 '붕당'이라는 집단을 이루어 나라를 운영하고 있었지.

양반들이 차지한 땅이 늘어 가면서 농민들의 생활은 갈수록 어려워졌어. 땅을 잃고 어려운 처지에 내몰리거나 무거운 세금으로 고통받게 되었거든. 게다가 자연재해까지 겹치면서 생활의 터전을 잃고 떠도는 농민들이 생겼고, 이들 중 일부는 도적이 되기도 했어.

조선은 건국 이후 200년간 큰 전쟁을 겪은 적이 없었어. 일본의 해적 무리인 왜구가 남해안을 침략하거나 북쪽에서 여진족과 전투를 벌인 적은 있었지만, 수도인 한양을 빼앗으려는 외부의 침략은 경험해 보지 못했지. 오랜 평화로 조선의 전투력은 느슨해져 있었고, 양반층의 횡포로 인해 농민들은 힘든 처지에 내몰려 있었어. 이런 상황에서 농민들을 모아서 대규모 전쟁을 대비하는 것은 어려운 일이었지.

대륙 진출을 꿈꾼 일본

일본에서는 100년이 넘는 기간 동안 전국이 갈라져 다툼이 벌어지고 있었어. 일본은 12세기부터 19세기까지 군대의 우두머리가 최고 권력자가 되어 부하들에게 지방의 땅을 주고 통치를 맡겼어. 이런 형태의 정권을 '막부'라고 불렀지. 그런데 갈수록 막부의 힘이 약해지면서 막부의 부하이자 지방의 영주였던 '다이묘'들이 힘을 키우고 서로 경쟁하며 다투기 시작했어. 아주 오랫동안 일본은 늘 전쟁터와 다름없었고, 그 바람에 군사력이 급속히 성장할 수 있었어. 포르투갈에서 조총이라는 새로운 무기를 들여와 전술을 개발하고, 방어를 위해 성을 쌓는 기술도 발달시켰지.

전쟁과 분열의 시기를 끝내고 통일을 이룬 사람은 바로 도요토미 히데요시야. 하지만 통일을 이루었다고 해서 안정된 권력을 가진 것은 아니었어. 다이묘들은 부하이긴 하지만 각자 군대를 가지고 있었고, 그중에는 도요토미 히데요시의 자리를 넘볼 정도로 강력한 힘을 가진 사람도 있었지. 도요토미 히데요시는 침략 전쟁을 일으켜 부하들의 관심을 밖으로 돌리고 자신의 권력을 확고히 하기로 마음먹었어. 그렇게 중국 땅에 있는 명나라를 정벌하겠다는 무모한 계획을 세우게 되었지. 그런데 명나라로 가기 위한 길목에 바로 조선이 있었던 거야.

통신사 파견과 전쟁 대비

1590년, 김성일과 황윤길 등이 통신사 자격으로 일본에 방문했어. 통신사는 외교 관계를 위해 조선 국왕이 일본의 막부 장군에게 파견했던 사절이야. 김성일과 황윤길의 공식적인 방문 목적은 일본을 통일한 도요토미 히데요시를 축하하기 위한 것이었어. 하지만 또 다른 목적은 일본이 조선을 침략할지도 모른다는 소문이 진짜인지 알아보는 것이었지.

도요토미 히데요시를 만나고 돌아온 뒤 황윤길은 일본이 조선을 곧 침략할 것이라고 했고, 김성일은 그렇지 않을 것이라고 했어. 두 사람이 서로 다르게 주장했지만, 조선은 나름대로 전쟁에 대비하기로 했어. 여진족과 싸운 경험이 있는 용맹한 장수들을 남해안 지역에 배치하면서 혹시 모를 일본의 공격에 맞설 준비를 했지.

임진왜란의 시작

1592년 4월 13일, 일본군의 선봉대가 부산에 상륙하면서 임진왜란이 시작되었어. 일본의 병력은 총 20만 명 정도였지. 조선군은 예상치 못한 대규모 침략에 제대로 방어하지 못했고, 일본군은 수도 한양을 향해 빠르게 나아갔어. 조선에서는 신립 장군을 보내 일본군을 막으려 했지만, 신립 장군이 지휘하는 조선군이 탄금대에서 크게 패하고 나자 일본군을 막을 수 있는 병력이 얼마 남지 않았지.

일본군은 부산에 상륙한 지 20일 만에 한양에 도착했어. 일본은 조선의 왕을 사로잡아 전쟁을 빨리 끝내고 싶었어. 하지만 신립이 패배했다는 소식이 전해지자 한양을 지키기 어렵다고 판단한 선조는 북쪽으로 피난을 갔어. 일본군은 선조를 쫓아 계속 북쪽으로 올라갔고, 그에 따라 선조도 계속 북쪽으로 쫓겨 갔지. 조선군은 빠르게 북진하는 일본군을 막아 내지 못했고, 결국 선조는 명나라에 구원 요청을 하기에 이르렀어.

의병과 수군의 활약

전쟁 초기에 조선군은 대규모 침략에 당황해 계속해서 패배했지만, 이내 병력을 정비하고 반격을 준비했어. 일본군은 선조를 사로잡기 위해 북쪽으로 나아가는 데만 신경 썼기 때문에 남쪽 지역에서는 조선군이 다시 전열을 가다듬을 수 있었지.

하지만 전쟁 초기부터 패배가 이어지고, 왕이 피난을 떠나자 조정과 관군에 대한 백성들의 믿음은 바닥까지 떨어졌어. 이런 상황 속에서 나라 곳곳에서는 의병이 일어났어. 의병을 이끄는 의병장은 조헌, 고경명, 곽재우 등 각 지역의 명망 있는 유생들이었어. 이들의 강한 애국심에 이끌린 많은 백성이 가족과 마을, 나라를 지키기 위해 의병에 함께하기 시작하면서 의병은 전국으로 퍼져 나갔지. 의병들은 후방에서 일본군을 괴롭히거나 관군과 힘을 합쳐 전쟁을 뒤집기 위한 발판을 마련했어.

한편 피난길에 오른 선조는 민심을 달래기 위해 세자인 광해군을 전쟁터로 보냈어. 광해군은 자신의 임무를 잘 수행했어. 각 지역의 의병을 격려하고 조정이 백성의 편이라는 것을 보여 주면서 흩어진 민심을 수습하고, 관군을 빠르게 재정비하여 의병과 함께 일본군에게 반격하는 데 큰 역할을 했지.

일본이 후방을 돌보지 않고 오로지 왕을 잡기 위해 진격했던 것은 서해안을 통해 군량과 물자를 실어 나르려는 속셈 때문이었어. 하지만 이순신 장군이 지휘하는 조선 수군이 남해안에 버티고 있어서 바다를 통해서는 서해안에 진입조차 할 수 없었지. 이순신 장군은 옥포 해전에서 일본 수군과 싸워 승리한 뒤로 단 한 번도 패하지 않고 남해안을 지키고 있었거든. 일본군은 대규모 수군을 조직하여 반격을 시도했지만, 한산도 앞바다에서 벌어진 전투에서 이순신 장군이 이끄는 조선 수군에게 크게 패하면서 서해안 진출이 완전히 좌절되고 말았지.

결국 일본군은 군량을 마련하고자 곡창 지대인 전라도 지역을 공격하기 시작했어. 전라도로 가는 길목에 있는 진주성에서 전투가 벌어졌는데, 김시민이 이끄는 조선군이 일본군을 막아 내면서 일본군은 군량 문제를 해결하지 못한 채 겨울을 맞이하게 되었지.

전쟁에 뛰어든 명나라

북쪽으로 피난을 떠난 선조는 명나라에 지원군을 요청했어. 처음에 명나라는 조선에 군대를 보내는 것에 적극적이지 않았어. 조선이 일본과 손잡고 명나라를 칠지도 모른다는 의심을 하고 있었거든. 하지만 조선의 통신사를 통해 일본이 명나라를 공격하려 한다는 소식을 접했던 데다가, 임진왜란이 시작되자 명나라의 안전을 위해서라도 조선을 지켜야 한다는 주장이 힘을 얻었지. 일본이 조선 침략에 성공하면 조선을 기지로 삼아 곧바로 명나라로 쳐들어올 게 분명하니 일본을 막아야겠다고 생각한 거야.

명나라는 대규모 군대를 보내 조선군과 함께 일본군이 점령하고 있던 평양성을 공격하여 승리를 거두었고, 일본군은 한양까지 밀려 내려갔지. 한양 북쪽에서 명나라군을 막은 일본은 한숨을 돌리는가 싶었지만, 권율 장군이 행주산성에서 일본군을 크게 물리치면서 조선은 한양을 되찾기 위한 발판을 마련했어. 일본군은 조선군과 명나라군의 계속되는 공격과 오랜 굶주림으로 지쳐 부산까지 후퇴했고, 방어를 위해 남해안 일대에 일본식 성을 쌓아 전쟁을 오래도록 끌고 가기로 마음먹었지.

실패로 끝난 강화 회담

명나라는 전세가 역전되자 조선의 반대에도 불구하고 일본과 강화 회담을 추진했어. 강화란 싸움을 끝내자는 약속을 뜻하는 말이야. 명나라 입장에서는 일본군이 한양에서 후퇴하여 남쪽으로 내려갔기 때문에 명나라가 침략당할 가능성이 줄어들었고, 조선에서 전쟁을 계속해야 할 이유도 없었던 거지.

명나라는 전쟁에 대한 사죄를 받고 도요토미 히데요시를 일본의 왕 자리에 앉혀 주면 강화가 이루어질 거라고 생각했어. 하지만 도요토미 히데요시는 얼토당토않은 요구를 해 왔어. 명나라 황실의 공주를 일본 왕의 후궁으로 삼을 것, 조선의 남쪽 영토를 일본의 영토로 삼을 것, 조선의 왕자와 신하를 일본에 인질로 보낼 것 등 명나라와 조선이 도저히 받아들일 수 없는 것들이었지. 게다가 일본은 회담을 유리하게 이끌어 가기 위해 회담이 진행 중인 시기에 진주성으로 다시 한번 대규모 공격을 해 왔어. 조선군은 끈질기게 버텼지만 패하고 말았지. 강화 회담은 결국 실패로 끝났어.

다시 일어난 전쟁, 정유재란

1597년, 도요토미 히데요시는 병력을 모아 또다시 조선을 침략했어. 하지만 조선과 명나라도 강화 회담이 실패할 것을 예측하고 전쟁에 대비하고 있었지. 일본군은 충청도까지 진격했지만, 여러 전투에서 패배를 거듭하고 경상도 일대로 후퇴했어.

이때 조선 수군을 지휘하던 원균 장군이 일본군을 얕보고 먼저 공격을 시도하다 경상남도에 있는 칠천도에서 크게 패배하여 12척의 배만 남게 되는 일이 벌어졌어. 일본은 이 기회에 자신들의 수군을 서해안으로 진출시키려고 했지만, 다시 돌아온 이순신 장군이 명량에서 12척의 배로 130여 척의 배를 가진 일본 수군에 맞서 승리하면서 일본군의 기대는 무너지고 말았지.

조선군과 명나라군은 남해안 일대의 일본군 성을 공격했지만 승리하지는 못했어. 일본군은 군량이 부족하고 사기가 꺾인 상황이었지만 계속 버티고 있었고, 그렇게 전쟁도 계속될 것만 같았지.

도요토미 히데요시의 죽음과 일본군 철수

1598년 8월, 일본에서 전쟁을 지휘하던 도요토미 히데요시가 사망했어. 그러자 일본군은 조선에서 철수하기 시작했어. 군대 철수는 도요토미 히데요시의 마지막 명령이기도 했고, 최고 권력자의 자리가 비어 버린 상황은 곧바로 권력 다툼으로 이어질 게 불보듯 뻔했기에 조선에서 전쟁을 계속할 수 없었던 거야.

일본군은 기회를 틈타 조선에서 군대를 빠르게 철수하고자 했어. 이때 노량 앞바다에서 이순신 장군의 마지막 전투였던 노량 해전이 벌어졌어. 비록 이순신 장군은 이 해전에서 전사했지만, 물러나던 일본군에게 마지막으로 큰 타격을 입혔지.

임진왜란, 그 이후

수많은 사람의 희생과 노력으로, 조선은 일본의 침략을 막아 내고 전쟁에서 승리할 수 있었어. 하지만 전쟁터였던 조선은 전쟁에 참여한 세 나라 중 가장 큰 피해를 보았어. 많은 사람이 죽어 인구가 감소하고 오랜 전쟁으로 인해 농사를 지을 수 있는 땅도 줄었어. 일본군의 약탈과 방화로 문화재도 사라졌고 일본으로 끌려가 외국에 노예로 팔린 사람들도 있었지. 전쟁으로 인해 없어진 노비 문서, 토지 대장도 많아 이전과 같은 사회 질서가 계속 유지되기가 어려웠어.

가까스로 살아 돌아온 선조와 그 뒤를 이은 광해군은 전쟁 이후 조선을 복구하는 데 힘썼고 성리학적 사회 질서를 회복하기 위해 노력했어. 하지만 선조는 전쟁에서 큰 공을 세운 신하들과 의병을 무시하고 명나라의 도움을 강조하면서 왕권을 지키려는 모습을 보이기도 했지.

이미 쇠퇴의 길을 걷고 있던 명나라는 조선에 군대를 보내면서 점점 힘을 키워 가던 여진족을 견제할 기회를 놓쳤어. 여진족은 '후금'이라는 나라를 세우고 만주 일대를 차지한 뒤 나라 이름을 '청'으로 바꿨어. 그리고 강력한 군사력을 바탕으로 중국 땅을 차지하게 되었지.

일본에서는 도요토미 히데요시의 빈자리를 차지하기 위해 한바탕 전쟁이 일어났어. 이 전쟁에서 도쿠가와 이에야스가 새롭게 권력을 잡고, 지금의 도쿄인 에도를 중심으로 한 에도 막부를 만들었어. 에도 막부는 조선과 다시 교류하고자 했고, 조선은 통신사를 보내 일본에 끌려갔던 사람들 중 일부를 데려올 수 있었지.

일본은 임진왜란을 계기로 문화를 발전시키기도 했어. 전쟁 중에 조선에서 많은 사람을 데려갔는데, 이들을 통해 조선의 문화와 기술이 일본에 전파되었거든. 유학자와 같은 지식인부터 인쇄공, 활자공, 도공과 같은 조선의 기술자들이 일본의 문화를 발전시키는 데 크게 기여했단다.

임진왜란, 일본을 무찌른 조선의 장군들

1판 1쇄 발행일 2023년 6월 26일

지은이 박은정
그린이 토끼도둑

발행인 김학원
발행처 휴먼어린이
출판등록 제313-2006-000161호(2006년 7월 31일)
주소 (03991) 서울시 마포구 동교로23길 76(연남동)
전화 02-335-4422 **팩스** 02-334-3427
저자·독자 서비스 humanist@humanistbooks.com
홈페이지 www.humanistbooks.com
유튜브 youtube.com/user/humanistma **포스트** post.naver.com/hmcv
페이스북 facebook.com/hmcv2001 **인스타그램** @human_kids

편집 도아라 **디자인** 박인규
사진제공 문화재청 전쟁기념관 한국문화관광연구원
용지 화인페이퍼 **인쇄** 삼조인쇄 **제본** 해피문화사

글 ⓒ 박은정, 2023 그림 ⓒ 토끼도둑, 2023

ISBN 978-89-6591-513-3 73910

- 이 책은 저작권법에 따라 보호받는 저작물이므로 무단 전재와 무단 복제를 금합니다.
- 이 책의 전부 또는 일부를 이용하려면 반드시 저작권자와 휴먼어린이 출판사의 동의를 받아야 합니다.
- **사용 연령 8세 이상** 종이에 베이거나 긁히지 않도록 조심하세요. 책 모서리가 날카로우니 던지거나 떨어뜨리지 마세요.